GUÍA DE INSECTOS DE LA SIERRA DE GUADARRAMA

Alfonso Robledo Robledo

ediciones
LA LIBRERÍA

1.ª edición, 2014
2.ª edición, 2019
3.ª edición, 2025

© Alfonso Robledo, 2019
© De esta edición: Ediciones La Librería, 2019
  C/ Mayor, 80
  28013 Madrid
  Telf.: 91 541 71 70
  E-mail: info@edicioneslalibreria.es

Cubierta y maquetación: Javier Fernández Lizán

ISBN: 978-84-9873-579-6
Depósito Legal: M-10613-2025

Impreso en España/Printed in Spain

En esta pequeña guía de campo no estarán, ni con mucho, todos los insectos que podremos encontrar en la sierra de Guadarrama. Tampoco es una descripción detallada de cada especie. Pretender esto sería una utopía; tal es la biodiversidad de los insectos.

Por todo ello, hay que considerar esta obra como una introducción al mundo de la entomología en general, no solo sobre mariposas (tratadas como un grupo más), aunque sean los únicos insectos que gozan de cierta simpatía.

En definitiva, una obra que despertará la curiosidad del lector y que le iniciará en el conocimiento de esta ignorada, pero maravillosa fauna.

Deseo que os guste.

insectosguadarrama2014@yahoo.es

INTRODUCCIÓN

Una vez más me he enfrentado a un determinado número de páginas en blanco que rellenar y como siempre el reto no es llenarlas, sino cómo hacer que todo lo que ronda por mi cabeza quepa en un espacio limitado, sin que las palabras sean una sucesión de garabatos, simple verborrea o pesado texto infumable, sino que tome cuerpo, ameno y entretenido. En definitiva, algo interesante para el lector.

¿Y qué más interesante que lo desconocido? Es en este punto donde juego con ventaja, porque si hay un aspecto desconocido para la mayoría de la gente son los insectos. No me refiero a los urbanitas, sino incluso para las personas curtidas en el campo. Para la mayoría de los seres humanos un insecto es un ser peligroso, molesto, que pica, muerde, tiene veneno o todo a la vez. Contagian enfermedades, arruinan cosechas, contaminan nuestra comida, producen alergias,… En definitiva, algo que repta por el suelo o zumba a nuestro alrededor y que hay que acabar con ello. Por todo esto muy pocas personas (consideradas, por cierto, de «gustos raros») recaban en que los insectos no son nada más (y nada menos) que pequeños animales con un importantísimo papel en los ecosistemas naturales y que sin los cuales no existiría el mundo según lo conocemos. Yo soy una de esas personas y espero que cuando acabes de leer este libro, tú también lo seas.

En esta obra contaré muchos aspectos interesantes de los insectos, la mayoría desconocidos, algunos conocidos, pero que casi nunca recabamos en el alcance que pueden llegar a tener. Contaré su importancia ecológica, por qué hay que respetarlos, conservarlos y conocerlos, mostraré su lado más bello, más sorprendente. Veremos cómo y por qué se clasifican de una manera u

Nuestra Sierra es «una isla» de clima eurosiberiano en medio de la Península Ibérica de clima mediterráneo, lo que favorece la existencia de especies relícticas.

El efecto solana/umbría es muy patente en el Guadarrama, por su orientación Noreste-Suroeste; en la foto se aprecia la frescura de una umbría en pleno verano.

otra. Detallaré las principales especies de insectos que podremos encontrar en los paseos por nuestra querida sierra de Guadarrama y cómo observarlos.

Tengo que dejar bien claro que aquí no se encontrarán todas las especies que podremos ver por el campo. Esto es imposible; detallar todas las especies de insectos que existen en Guadarrama sería una obra enciclopédica, interminable, que abarcaría varias vidas profesionales de multitud de científicos. Tal es la diversidad en el pequeño mundo de la entomología; como se ve, solo es pequeño en tamaño, pero inmenso en diversidad. Para entender esto debo decir que se estima que el 80 % de las especies animales del planeta son insectos, muchísimas de ellas aún por descubrir. Centrándonos en nuestra sierra y recurriendo a otros trabajos más extensos que he realizado sobre la entomología de la zona, he recabado citas y he realizado avistamientos de miles de especies. Algunos números como muestra: he confirmado la presencia de más de 3700 especies de insectos distintos, de ellas 290 son endémicas de la península ibérica, de las que 13 son endemismos exclusivos de la sierra de Guadarrama, es decir, no existen en ningún otro lugar del mundo. Y todo esto respecto a los insectos de tamaño apreciable, ¡qué se podría decir si incluyéramos los diminutos!

¿Y por qué nuestra sierra tiene tanta diversidad entomológica? Pues por varios factores que la hacen peculiar:

El primer factor es que se encuentra en el centro geográfico de la península ibérica que presenta una fauna peculiar a todos los niveles al estar rodeada por mar y aislada del resto del continente europeo por los Pirineos, pero lo suficientemente cerca de África para que pueda llegar parte de su fauna.

El segundo de los factores es su altura, que hace que el Sistema Central goce de un clima diferente al de las mesetas que lo rodean por el norte y el sur;

La Sierra de Guadarrama tiene una estructura geológica de grandes bloques de granito o gneis fracturados, unos elevados y otros hundidos, dando lugar a una sucesión de cuerdas y valles.

un clima menos continental, más de montaña y, por lo tanto, más frío y húmedo. Además esa altura que llega en Guadarrama a los 2428 m en Peñalara, produce una estratificación de la vegetación desde la meseta a las zonas más altas, dando lugar a varios ecosistemas para una misma latitud.

La explicación anterior nos conduce a la tercera causa de gran biodiversidad en nuestra sierra, ya que podríamos decir que se trata de una isla de clima eurosiberiano en medio de un área mediterránea, por lo que especies propias de latitudes más septentrionales, que vivieron en la península ibérica durante la última glaciación, pueden seguir desarrollando su ciclo vital en la actualidad, pero quedando aisladas de su área de distribución normal al retirarse el hielo en la época interglaciar actual. Estas especies propias de épocas climáticas pasadas y que quedan aisladas al cambiar el clima se las conoce como especies relícticas.

El cuarto factor que contribuye a la citada gran biodiversidad es que nuestra sierra hace de cordón umbilical uniendo la parte oriental de la península, de clima mediterráneo, con la parte más occidental, con influencia atlántica.

Como quinto factor tenemos su orientación noreste-suroeste, que hace muy patente el efecto solana y umbría entre la vertiente norte y sur.

El sexto factor que aumenta la diversidad biológica es su origen geológico, ya que el Guadarrama es fruto de la compresión por grandes fuerzas tectónicas (en dos etapas geológicas distintas) de una meseta granítica pretérita, aspecto que causó su fragmentación por grandes fallas, dando lugar a grandes

El Valle de Lozoya tiene un microclima atlántico, más húmedo y templado que el resto de la Sierra, que le hace tener una gran biodiversidad entomológica.

bloques hundidos que forman profundos valles y a otros enormes bloques elevados que dan lugar a altas crestas montañosas; estos valles hundidos entre montañas gozan de microclimas peculiares según su orientación geográfica, como sucede con el valle de Lozoya, auténtico paraíso de clima atlántico en nuestra sierra. Además, en el piedemonte hay algunas áreas calizas fruto de transgresiones marinas en un pasado lejano.

La séptima causa de tanta biodiversidad con la que contamos en la puerta de casa, es el buen estado de conservación de sus ecosistemas, cosa que tenemos que agradecer a nuestros antepasados, ya que los habitantes de la sierra de Guadarrama siempre han ligado su modo de vida al medio natural, ya sea a través de la caza, la pesca, la ganadería, la madera o el aprovechamiento de leñas, y es por ello por lo que respetaban su entorno, porque les iba la vida en ello. De aquí se deduce la enorme responsabilidad que tenemos como ciudadanos: conservar para nuestros descendientes lo que nuestros antepasados nos han legado.

Y nos han legado todo, no solo la magnífica águila imperial, el invisible azor, el grácil corzo, el ciclópeo pino centenario, la rara orquídea, las cristalinas aguas, el ulular del cárabo, el rumor de los chopos o el aire fresco, sino también los desconocidos y repudiados insectos.

Y aquí es donde cobra todo el sentido este libro, ya que existen en el mercado magníficas obras sobre la sierra de Guadarrama de aves y mamíferos, de botánica, de etnografía, de senderismo…, pero ¿quién se ha fijado en los insectos?

Los usos tradicionales de los habitantes de la Sierra, como por ejemplo la ganadería extensiva, hace que los ecosistemas estén muy bien conservados, sobreviviendo especies de insectos que ya han desaparecido del resto de España.

Creo firmemente, como educador que soy, que el conocimiento (incluido el de los insectos) hace valorar lo que tenemos, al valorarlo lo respetamos y el respeto lleva a la conservación. Espero que el recientemente creado Parque Nacional de la Sierra de Guadarrama consiga esto y no lo contrario: atraer masas analfabetas que anden por nuestras montañas como elefantes por una cristalería. De nosotros dependerá…; desde el punto de vista individual es fácil saberlo: cuando vayas por el campo, mira hacia atrás y si no se nota que has estado allí, lo estás consiguiendo.

PRINCIPALES ECOSISTEMAS DE LA SIERRA DE GUADARRAMA

Cuando se aborda el estudio de algún ser vivo, tenemos que tener clara una cosa: cada especie ya sea animal o vegetal tiene su razón de ser, sus características que la hacen única o peculiar en un entorno determinado. Una especie no es solo su acervo génico, sino su comportamiento natural, sus relaciones con otros congéneres o con otras especies, con su entorno; hay que verla como un todo. Esto hay veces que no se entiende, incluso por algunos biólogos; por eso me da mucha tristeza cuando se pretenden salvar de la extinción algunas especies sacándolas de su contexto, confinándolas en zoológicos o centros de cría en cautividad, o se pretenden crear nuevos individuos por clonación a partir de los pocos individuos que quedan con vida. Así solo salvaremos sus genes, pero la especie se extinguirá, porque no conservaremos su comportamiento natural, sus relaciones con otras especies y con su entorno, lo que podríamos llamar su «cultura de especie», su etología como ser en libertad.

Por consiguiente, hay que conservar no solo las especies en particular, sino los ecosistemas en su conjunto; además, así evitaremos caer en uno de los defectos de la conservación de la naturaleza más frecuentes hoy en día, como es el que casi todos los recursos y esfuerzos se centran en unas pocas especies emblemáticas (generalmente aves y mamíferos); especies espectaculares para el gran público pero tan importantes ecológicamente como otros seres que aunque más insignificantes para el hombre tienen papeles naturales primordiales (ya habrá intuido el lector que me refiero a los insectos).

En la sierra de Guadarrama aún podemos observar el proceso natural de sustitución de la vegetación según subimos en altura por los diferentes pisos bioclimáticos: el robledal del piedemonte da paso al bosque mixto de roble y pino silvestre, que más arriba pasa a ser pinar exclusivamente; a más altura encontramos el piornal y, por último, los canchales de alta montaña.

De modo que, como esta guía trata de los insectos que vivaquean en la sierra de Guadarrama, tendré que explicar primero los ecosistemas en los que se desenvuelven. Voy a explicarlos empezando por el piedemonte y ascendiendo en altura según nos los encontramos en el medio natural:

- Eriales y campos de cultivo abandonados: ocupan las partes más bajas de nuestra sierra; son fruto del abandono del uso agrícola del suelo a partir de los años sesenta, pasando a tener un uso ganadero o simplemente estar abandonados por el hombre. Suelen sufrir un gran impacto ambiental por las actividades humanas, por asentarse en las zonas con mayor población, sufriendo el desarrollo urbanístico y de infraestructuras. El clima es mediterráneo continental, con fuerte estacionalidad, de inviernos fríos con alguna nevada puntual, veranos secos y calurosos, con primaveras y otoños frescos donde se concentran la mayoría de las precipitaciones, que según los ciclos típicos del clima mediterráneo, pueden pasar por varios años seguidos de fuertes sequías. Las especies vegetales predominantes son las gramíneas como berceos (*Stipa gigantea*), avena silvestre u otras pratenses (*Poa* sp., *Stipa* sp.), los tomillares de cantueso, mejorana, lavanda,… (*Thymus* sp., *Lavandula* sp.) y arbustos dispersos como rosal silvestre, majuelo y zarzamoras (*Rosa* sp., *Crataegus monogina*, *Rubus* sp.).

- Bosques mediterráneos: ocupan el piedemonte en zonas que no fueron cultivadas por el hombre en épocas pasadas. La especie predominante debiera ser la encina (*Quercus ilex*) pero, debido al carboneo y sobrepastoreo de antaño, su presencia es escasísima, salvo en algunas dehesas, ya que realmente predomina el chaparro (*Quercus ilex rothundifolia*), una subespecie de la encina por degradación del ecosistema debida a los usos (o abusos) humanos; entre estos chaparros aparecen a veces pies dispersos de enebros (*Juniperus oxicedrus*). Hay también algunos rodales de pino resinero (*Pinus pinaster*) y de piñonero (*Pinus pinea*), la mayoría de repoblación. Como arbustos están presentes los tomillares ya nombrados y las jaras, sobre todo la pringosa (*Cistus ladanifer*). El clima es el mediterráneo continental explicado en el apartado anterior.

- Bosques de ribera y fresnedas: ocupan las zonas por donde transcurren los cursos de agua o los terrenos más húmedos sin que llegue a fluir el agua en superficie; aquí podemos distinguir entre los bosques de galería, que se desarrollan a lo largo de los cursos de agua, y los bosques más extensos, generalmente adehesados por el hombre para su uso ganadero, como son las fresnedas. La vegetación hace que se dulcifique el clima al retener la humedad, notándose este efecto sobre todo en verano, ya que en invierno, al ser las especies arbóreas predominantes de hoja caduca, estos ecosistemas sufren todos los rigores del invierno continental. Dichas especies predominantes son árboles como el fresno (*Fraxinus excelsior*), sauces (*Salix* sp.),

1. El cantueso, *Lavandula stoechas pedunculata*, es una aromática que aparece en terrenos de cultivo abandonados de pie de monte, atrayendo a multitud de insectos.
2. La jara pringosa, *Cistus ladanifer*, es un arbusto que aparece en los claros de monte, en la que vivaquean multitud de especies de insectos.
3. Los bosques de ribera tienen una gran diversidad botánica, sobre todo de árboles caducifolios, de cuyas hojas o madera se alimentan las larvas de infinidad de insectos.

chopos (*Populus* sp.), algunos olmos supervivientes de la grafiosis (*Ulmus minor*) y alisos (*Alnus glutinosa*). También destacan gran diversidad de arbustos como rosales silvestres, majuelos, zarzamoras y endrinos (*Rosa* sp., *Crataegus monogina, Rubus* sp., *Prunus spinosa*).

- Robledales o rebollares: la especie predominante es el roble rebollo (*Quercus pirenaica*); es la expresión del bosque atlántico en nuestra sierra ya que aguanta bien el frío invernal y la sequía estival, pero necesita un clima más húmedo sobre todo en otoño y primavera, por lo que se asienta en alturas medias. El rebollo es una especie marcescente, es decir, cambia la hoja cada año, pero en otoño la hoja seca no cae del árbol hasta la primavera cuando empiezan a surgir las yemas nuevas, por lo que aporta una gran belleza a nuestra sierra con sus cambios cromáticos estacionales. Otras especies arbóreas que pueden aparecer entre los rebollares de manera dispersa y en sus zonas más umbrías son el cerezo silvestre (*Prunus avium*), el fresno (*Fraxinus angustifolia*) y el sauce (*Salix* sp.). Como especies arbustivas caben destacar las jaras (*Cistus ladanifer* y *C. lauriforius*) y las zarzas y endrinos ya nombrados, en las zonas más frescas. Los robledales son protagonistas en la sierra de Guadarrama de un proceso natural de gradual sustitución por el pino silvestre (*Pinus silvestris*) según vamos ganando en altura; este aspecto que se puede observar en algunas laderas de Guadarrama, y en pocos lugares más de nuestra geografía, ha desaparecido debido a las repoblaciones que se efectuaron en las décadas de los años sesenta y setenta cuando se favorecieron las especies madereras de crecimiento rápido, como el pino silvestre, en detrimento de los robledales, de crecimiento lento y bajo rendimiento, causando en el paisaje de montaña artificiales líneas rectas donde sin sustitución progresiva el roble desaparece para dejar paso a pies de pinos de repoblación perfectamente alineados.

- Pinares de pino silvestre: es el ecosistema de nuestra sierra por la que es mundialmente conocida; la especie predominante es el pino silvestre (*Pinus silvestris*), ya sea natural o de repoblación. Estos pinares son típicos de clima de montaña, con inviernos largos y fríos, otoños y primaveras frescas y húmedas, veranos suaves y cortos. Otras especies arbóreas que vegetan junto a los pinos silvestres son los tejos (*Taxus bacata*), los acebos (*Ilex acuifolium*) y los serbales (*Sorbus aria* y *S. aucuparia*). En los lugares más húmedos y menos expuestos de los pinares podremos encontrar abedules (*Betula* sp.) y pequeños bosquetes de temblones (*Populus tremula*). Como arbustos principales de las masas de pino silvestre, además de las zarzas y endrinos nombradas en otros ecosistemas, están la retama blanca (*Genista florida*) y el piorno serrano (*Cytisus purgans*). Cabe destacar el helecho (*Pteridium aquilinum*) por su abundancia e importancia como protector del suelo y mantenedor de la humedad.

- Piornales de alta montaña: es el ecosistema más característico de la sierra de Guadarrama; se ubica por encima de los 1800 m de altura, donde los pinares no pueden desarrollarse debido a las duras condiciones meteorológicas, ya que el clima es típico de montaña, con largos y duros inviernos de fuertes nevadas, veranos frescos con alta insolación y otoños y primaveras húmedas no ya solo por las lluvias, sino por las nieblas persistentes. Hay que decir que con el tan nombrado cambio climático, en las últimas décadas, es un ecosistema en regresión ya que los pinares ganan poco a poco

Los pinares maduros y jóvenes de repoblación ocupan grandes extensiones de terreno en nuestra.

más altura al ser las nevadas cada vez menos copiosas y permanentes; en la sierra de Guadarrama ya no hay nieves perpetuas, pero algunos años podemos ver al principio de verano florecer los piornos entre manchas de nieve que aún perduran de la última nevada primaveral (recordar la foto de la página 9). Las especies predominantes son todas arbustivas ya que el viento y la nieve se encargan de truncar el atrevimiento de algún pie de pino silvestre o de *Pinus uncinata* de repoblación que se aventura a germinar a tales alturas. Predominan el piorno serrano (*Cytisus purgans*), el jabino o enebro rastrero (*Juniperus nana*) y una especie típica del Guadarrama, el cambroño (*Adenocarpus hispanicus*). En los bordes de los limpios arroyuelos pueden aparecer algún sauce (*Salix* sp.) y algún arraclán (*Frangula alnus*). En los manantiales que existen entre los piornales aparecen unas formaciones herbáceas típicas de nuestra sierra conocidas como cervunales (tollas para los lugareños) parecidos a las turberas de la taiga eurosiberiana, pero de escasa extensión; son pequeños rodales herbáceos muy húmedos, con suelos potentes y almohadillados, con flora herbácea que soporta estar bajo la nieve varios meses, las fuertes heladas y las aguas realmente frías; las especies vegetales típicas son el cervuno (*Nardus stricta*), la *Drosera rotundifolia* (planta carnívora que captura insectos con su característica secreción mucilaginosa), la *Parnasia palustris* y musgos como *Sphagnum* sp. que son los que forman la típica estructura de suelo esponjoso y húmedo.

- Canchales y roquedos de muy alta montaña: por encima de los 2000 m aparece ya un paisaje típico de muy alta montaña; el clima es extremo, con inviernos muy largos, fríos y de fuertes nevadas que duran más de la mitad del año; los otoños y primaveras son fríos, con nevadas frecuentes y pocas horas de luz solar por las persistentes nieblas; los veranos son muy cortos, con temperaturas frescas, pero ahora el problema es la fuerte radiación so-

Los cervunales de alta montaña, son ecosistemas típicos de la Sierra de Guadarrama, con algunas especies de insectos muy interesantes.

lar y la falta de agua, ya que paradójicamente, el abundante agua caída en otras estaciones no es retenida por los suelos porosos de arenas y canchales faltos de cobertura vegetal (ese agua aflora poco más abajo en los manantiales de los cervunales anteriormente descritos). El paisaje se ve decorado por enormes masas rocosas desnudas de vegetación; hace algunas décadas había neveros que se mantenían todo el verano (umbría de la laguna de los Pájaros, Cabeza de Hierro,…), pero esto ya no sucede. La única flora que soporta estas durísimas condiciones de vida son los líquenes, agarrados tozudamente a las rocas, algunos musgos y dispersos enebros rastreros y piornos serranos que fijan el inestable suelo. En los canchales más protegidos y húmedos aparecen algunas matas de arándanos (*Vaccinium myrtillus*), fresas (*Fragaria vesca*) o frambuesos silvestres (*Rubus idaeus*).

Tengo que aclarar que los sabinares de *Juniperus thurifera* no los incluyo aquí como ecosistemas de la sierra de Guadarrama en su vertiente sur, ya que se dan en la parte más oriental de la sierra madrileña, concretamente hacia Somosierra y sierra de Ayllón, que yo ya no considero Guadarrama y, por lo tanto, quedan fuera del área de estudio de esta obra; no obstante, he de aclarar que en la vertiente norte segoviana, con un clima continental más riguroso y con mayor extensión de suelos calizos, sí tiene una apreciable representación este ecosistema en la sierra de Guadarrama, desde el piedemonte hasta media altura.

Respecto a la diversidad de insectos en los ecosistemas antedichos, que es lo que nos concierne en esta obra, el máximo aparece en los bosques de hoja caduca, como son los de ribera, fresnedas y robledales. Los eriales presentan menor diversidad entomológica por la fuerte presión antrópica; los pinares son menos ricos en especies por la menor diversidad botánica, al haber favo-

Los piornales, canchales y roquedos de muy alta montaña son ecosistemas con pocas especies, pero de gran importancia por su endemicidad (no se dan en ningún otro lugar del mundo).

recido el hombre desde siempre el mantenimiento del pinar en detrimento de otras especies arbóreas con menor aprovechamiento maderero; la alta y muy alta montaña tienen menor diversidad entomológica por las duras condiciones de vida que impone el terreno. Otro aspecto que no hay que olvidar al hablar de los ecosistemas de la sierra de Guadarrama es el uso tradicional de la ganadería extensiva por parte del hombre, ya sea en el monte mediterráneo, las fresnedas, los robledales, los pinares y en verano los piornales, ya que este sistema ganadero hace que los ecosistemas se conserven de manera natural, con bajo impacto ambiental o incluso con impacto positivo, ya que en la mayoría de ecosistemas de la península los grandes herbívoros silvestres han desaparecido por la acción del hombre y es el ganado pastando en libertad, no estabulado, el que sustituye ecológicamente a dichos herbívoros silvestres. Este uso del suelo a través de la ganadería extensiva que aún se mantiene en nuestra sierra contribuye, por tanto, a mantener la biodiversidad y la conservación de nuestros campos y en concreto, como ya veremos al hablar de algunas especies de insectos, hace que aún contemos con auténticas rarezas entomológicas.

Para terminar, hay que incidir en que una cosa es la cantidad de especies y otra la calidad, ya que según ascendemos en altura aumenta mucho la especificidad, es decir, aparecen insectos más exclusivos de estos ecosistemas más duros y, por tanto, insectos más infrecuentes, aumentando los endemismos (insectos que solo se dan aquí y que no aparecen en ningún otro lugar del planeta). Resumiendo, se puede afirmar que ganando en altura, disminuye la diversidad y aumenta la especificidad, luego todos los ecosistemas son igualmente valiosos desde el punto de vista del entomólogo.

TAMBIÉN LOS INSECTOS MERECEN NUESTRO RESPETO

Siempre que hablamos de la conservación de la naturaleza nombramos riqueza botánica, grandes árboles, impresionantes paisajes, lejanas soledades, animales admirados por su belleza o su fuerza o cualquier otra cualidad que el hombre admire. El problema es que la naturaleza no está hecha para el hombre, sino que nosotros formamos parte de ella. Por ello, porque en nuestra cultura siempre hay una idea de que el planeta está a nuestra disposición no recabamos en otras formas de vida que al hombre «no le son útiles» en apariencia, dejándonos influir además por la subjetividad de la belleza, es decir, solo es merecedor de nuestro respeto, solo hay que cuidar, aquello de lo que sacamos un beneficio o que nos reporta un estado de ánimo que apreciamos como agradable.

Esta desviación en nuestra percepción de la naturaleza se hace muy patente en cualquier aspecto relacionado con los insectos, animales que para la subjetividad humana viven en una escala de tamaño menor (por lo que no recabamos en su espectacularidad), la mayoría no son bellos (según los gustos mayoritarios), suelen asociarse a la enfermedad o la plaga o el daño económico y está en lo más interior de nosotros su valoración como dañinos, peligrosos o insanos, sin que pensemos nunca en su papel ecológico. Como ejemplo de esto, cabe decir que una minoría de insectos están protegidos por la ley, aunque hay especies realmente escasas o vitales en los ecosistemas y esto a pesar de que, como ya dije, la mayoría de especies animales del planeta son insectos. De los que están protegidos, la inmensa mayoría son mariposas (¡qué casualidad!, los únicos insectos percibidos como bellos por el hombre) y algunos escarabajos más o menos espectaculares.

La belleza es algo subjetivo; la mariposa C-blanca, *Polygonia c-album*, para algunos será una fea mariposa marrón; para otros un prodigio de la naturaleza que imita a la perfección a una hoja con unos maravillosos matices de color marrón, rojizos y anaranjados.

Es por ello, por lo que dedico este capítulo del libro a remarcar el papel ecológico de los insectos, su utilidad para la naturaleza y, por lo tanto, para el hombre; una utilidad, un valor, que muchas veces no es económico, pero que no por ello deja de ser imprescindible e incalculable. Es por este valor natural, no económico, por lo que debemos respetarlos, valorarlos y apreciarlos. Pero sin caer en un aspecto que se da mucho hoy en día, sobre todo entre la población urbanita, y que rechazo plenamente: el ecologismo de ciudad. Ten por seguro, apreciado lector, que cuando termines de leer este capítulo podrás seguir aplastando sin remordimiento alguno a la pesada mosca o al punzante mosquito o espantando sin piedad a las avispas de nuestra comida campestre o eliminando las cucarachas de tu casa, pero también sabrás que hay insectos útiles, únicos o maravillosos que no interfieren para nada en nuestras vidas, aunque repten por el suelo y nos parezcan feos o repulsivos; déjalos que sigan su camino, quizás te estén beneficiando más de lo que tú crees. Piensa también que esa cucaracha que pisas en tu casa o que ese tábano que aplastas, con todo el derecho por tu parte a defender tu salud, son formas de vida que ya molestaron, por ejemplo, a los tan nombrados dinosaurios y que en cambio siguen aquí, junto a nosotros, compartiendo el planeta; es decir, son formas de vida mucho mejor adaptadas al medio que nosotros, la especie humana, que solo llevamos aquí como mucho, y considerando a nuestros ancestros, dos millones de años y, al ritmo que vamos, ¡a ver cuánto duramos!

Paso ya, sin más dilación, a analizar por qué los insectos merecen nuestro respeto o, dicho de otra manera, por qué son tan importantes para la vida y, por tanto, para nosotros:

• Lo primero es que en la naturaleza nada es gratis; si los insectos están ahí y han sobrevivido millones de años de evolución es por algo, algo que debe de ser muy importante si atendemos a su enorme cantidad y diversidad de formas. Contribuyen enormemente a la **biodiversidad** de nuestra sierra y, no cabe duda, dan idea de que vivimos en un entorno natural privilegiado. Muchas de estas especies se consideran bioindicadores, es decir, su presencia demuestra que el ecosistema está bien conservado y goza de salud, ya que dichas **especies bioindicadoras** son las primeras que desaparecerían en caso de alguna alteración ecológica. Por ello, el que contemos con esta riqueza entomológica en Guadarrama debe ser un orgullo y una responsabilidad para todos los que vivimos aquí o visitamos la zona con más o menos asiduidad.

• Una de las funciones más importantes de los insectos en los ecosistemas es su papel como **recicladores de materia orgánica**; es decir, cuando la vida llega a su fin, todos los nutrientes que contiene ese cadáver, ya sea animal o vegetal, deben incorporarse de nuevo al sistema, precisamente para que no queden retenidos y la vida pueda continuar. Así infinidad de especies de insectos, sobre todo en sus estados larvarios, se alimentan de madera, estiércol, cadáveres, hojarasca y otros despojos de seres vivos. Para nuestra manera subjetiva de pensar nos puede parecer algo repulsivo, pero si este proceso no tuviera lugar hace tiempo que ya no habría vida sobre la Tierra. En definitiva, cierran el ciclo de la vida. Aquí también podría derivar el tema hacia el interesantísimo uso forense de las especies de insectos que degradan la carne humana y que ayudan a esclarecer crímenes, pero solo este punto daría para escribir todo un tratado…

- Otra de las funciones esenciales de nuestros protagonistas en la naturaleza es que constituyen la **base de las cadenas tróficas**, es decir, son el primer eslabón en el cual la materia vegetal se transforma en proteína animal para ser aprovechada por otros animales. Hay infinidad de especies de insectos que se alimentan de materia vegetal en cualquiera de sus formas y que sirven de alimento a multitud de animales, ya sean otros insectos, peces (que se lo digan a los pescadores), reptiles, aves y mamíferos. Tanto es así, que está demostrado que ante la desaparición masiva de insectos en algún medio natural, por ejemplo, por una fumigación generalizada, todo el ecosistema se desmorona. Volviendo a la cadena trófica, no solo incorporan insectos en su dieta los animales insectívoros; a mucha gente le sorprendería saber la gran variedad de animales que tienen en su menú a nuestros pequeños protagonistas. Concretamente en nuestra sierra, aunque mucha gente lo desconozca, los insectos son parte fundamental de la dieta de dos especies de mamíferos muy abundantes en Guadarrama: el zorro (*Vulpes vulpes*), al que muchas veces se le puede ver merodeando por los arcenes de la carretera en busca de alguna comida fácil formada por algún animal atropellado, en infinidad de casos, insectos, y el jabalí (*Sus scrofa*), que hoza con ganas los tocones o troncos caídos en busca de jugosos gusanos xilófagos. Tampoco hay que olvidar que para el hombre, según su cultura, hormigas, saltamontes, larvas de coleópteros y algún insecto más son considerados manjares, alcanzando precios prohibitivos en algunos casos. Además probablemente nuestros ancestros, en los albores de nuestra especie, se hayan salvado de más de una hambruna comiendo saltamontes, termitas u hormigas como aún lo hacen muchas culturas indígenas.

- Otro aspecto tremendamente positivo para las actividades humanas, relacionado con el papel ecológico de los insectos, es el control poblacional que ejercen unas especies de insectos sobre otras. Es decir, hay insectos predadores o parásitos que no se alimentan de materia vegetal o sustancias en descomposición, sino que se alimentan de otros insectos durante todas las fases de su ciclo biológico o en alguna de ellas; por eso son fundamentales para el **control biológico de plagas**, al mantener a raya las

1. Los insectos son parte importante de la alimentación de animales cada vez más escasos, como los anfibios, como el tritón jaspeado, *Triturus marmoratus*.
2. Otro grupo animal cuya alimentación se basa en los insectos, son los reptiles, como el lagarto ocelado, *Lacerta lapida*.
3. Zorrezno del año, *Vulpes vulpes*, cazando grillos, *Gryllus campestris*.
4. Las aves insectívoras basan su dieta, como es lógico, en los insectos; en la foto una pareja de abejarucos, *Merops apiaster*.

poblaciones de insectos de los que se alimentan o a los que parasitan. El hombre ha usado en su beneficio esta característica de algunas especies ya que las ventajas son numerosas: no se usan agentes químicos por lo que no se contaminan los ecosistemas, la acción se dirige contra una especie concreta y no masivamente, es barato, los resultados son duraderos,… Así se pueden controlar poblaciones de insectos que podrían formar plagas, arruinar bosques o cosechas, echar a perder almacenamientos de alimentos, propagar enfermedades, etc.

- Otro aspecto por el que debemos valorar y, por tanto, respetar a los insectos es por su papel como **polinizadores**. Infinidad de insectos se alimentan (o alimentan a sus larvas) con polen y/o néctar de las flores, fecundándolas a la vez, al ir de una a otra en busca de alimento; sin este trabajo, las plantas de polinización entomófila (por insectos) se extinguirían, ya que sus flores no serían fecundadas, no producirían ni frutos ni semillas y, en consecuencia, no tendrían descendencia. Directamente relacionado con esto, aunque sea un aspecto secundario para la naturaleza pero fundamental para el hombre, es la obtención de miel, cera, polen, propóleos y jalea por medio de las abejas, mayoritariamente de la especie *Apis melifera*. Y mucho más importante: gran parte de las cosechas mundiales destinadas a la alimentación humana o de su ganado dependen de la polinización por insectos, luego tienen una importancia primordial y directa sobre nuestra economía y supervivencia como especie.

- El último aspecto por lo que debemos apreciar a los insectos es por su interés para la técnica en cualquiera de sus aspectos, tema primordial para la humanidad en el siglo XXI. Pero ¿cómo unos bichejos pueden ayudar a nuestro desarrollo tecnológico? Para contestar a esta pregunta voy a poner varios ejemplos porque son tantos los aspectos que se podrían contar que sería imposible abarcarlos todos. El primer ejemplo lo centraré en el campo de la **medicina y farmacología**: los insectos son utilizados en la investigación biomédica para la búsqueda de nuevos medicamentos como antibióticos (muchas larvas crecen en cadáveres en descomposición y mantienen a raya a las bacterias), anticoagulantes (pensemos en los mosquitos), anestésicos y antídotos (derivados de venenos y alérgenos que poseen ciertos insectos), compuestos que ayudan al trasplante de órganos como proteínas criogénicas (hacen que los tejidos aguanten bajísimas temperaturas sin dañarse), etc. Otro ejemplo del interés por los insectos en la investigación básica es el desarrollo espectacular en este siglo de la **biónica**, es decir, conseguir diseños técnicos basados en las formas de vida que se dan en la naturaleza; aquí los insectos tienen un papel fundamental ya que se está estudiando su utilidad en la obtención de biocombustibles (a través de las bacterias que viven en su intestino), la creación de nuevos

Muchas especies de insectos predadores como la hormiga roja, *Formica rufa*, controlan por predación la población de otros insectos, aunque a veces protegen a unos insectos de otros, como a los pulgones (*Aphididae*) de las mariquitas (*Coccinellidae*).

Muchas plantas como la dedalera, *Digitalis purpurea*, han adoptado evolutivamente formas peculiares en sus flores, para «utilizar» a los insectos en su polinización.

materiales (la quitina de su esqueleto externo es muy resistente e inalterable), la obtención de pigmentos (estudiando el origen de su diversidad de colorido), su forma de locomoción ha inspirado máquinas que no se desplazan con ruedas sino con patas articuladas (muy útiles para reducir el impacto ambiental en las explotaciones forestales) y un larguísimo etcétera que aún está por venir y que hoy por hoy no podemos ni imaginar.

Para terminar este capítulo, solo hago una pregunta a quienes no les convenzan mis argumentos para respetar a los insectos y tengan una mentalidad más pragmática, más capitalista: ¿no es mejor respetar a los insectos, conservar su diversidad, aunque solo sea en nuestro propio beneficio? Ya he explicado lo que «conseguimos» de ellos pero ¿qué conseguiremos en un futuro si se sigue investigando sobre los insectos? Para saberlo deben seguir existiendo…

CONSEJOS PARA EL OBSERVADOR DE INSECTOS

Hablando con mis amigos o con personas que les gusta el campo o cuando enseño a la gente interesada algunas fotos de «mis bichos», la mayoría casi siempre me acaba haciendo la misma pregunta: «¿Y dónde ves todos estos bichos?, yo cuando voy al campo no veo ninguno». Mi respuesta es siempre la misma: «Pues en el campo, cuando voy de paseo o de caminata por la sierra». Y ellos me miran incrédulos, pensando que les oculto un lugar supersecreto, lejano y al que es difícil llegar.

Y es verdad, para observar insectos en la sierra de Guadarrama, incluso algunos realmente raros o espectaculares no solo por su aspecto o modo de vida, sino por su escasez, no hace falta irse a lugares recónditos ni secretos. Contamos en la puerta de casa con una naturaleza maravillosa, bien conservada, ¡somos unos privilegiados!

Cualquier paseo sin pretensiones por un camino de parcelación, pista forestal, arrastradero de pinos o senda entre la vegetación puede dar en Guadarrama enormes satisfacciones si vamos por el campo «viendo» y no «mirando».

Por ello recomiendo ahora un **decálogo para el observador de insectos**, para poder disfrutar de ellos en su entorno natural sin alterar el medio lo más mínimo:

- No tengas prisa, anda despacio, no importa el recorrido, sino lo que importa es la atención que pongas.
- Haz paradas frecuentes y observa en silencio, no hagas movimientos bruscos; los insectos tienen muy buena vista aunque no lo creas.

Los caminos, pistas forestales y otros espacios abiertos, más soleados y por lo tanto con más diversidad botánica, son lugares ideales para la observación de insectos.

Las plantas con polinización entomófila (por insectos) han desarrollado evolutivamente flores llamativas, olorosas y/o con néctar para atraerlos; en la imagen majuelo, *Crataegus monogina*.

- Concentra la mirada en la vegetación, a corta distancia, pausadamente, pero aunque parezca una tontería, alza la mirada de vez en cuando y coge puntos de referencia en el entorno (no serías el primero que se pierde por no tomar esta precaución si no conoces bien el lugar).

- La hierba del pasto, los bordes de los caminos que siempre son más abiertos y soleados que el arbolado, los cursos de agua y las plantas con flores (jaras, zarzas, umbelíferas, correhuelas,...) habrá que inspeccionarlas en detalle.

- No dudes en volver a pasar dos veces por el mismo sitio, es más, lo aconsejo; el camuflaje de los insectos es tan perfecto que, aun insectos en apariencia vistosos fuera de su entorno, pasan totalmente desapercibidos entre la vegetación.

- Piensa en la época del año en la que estás, las especies que te gustaría ver y en qué ecosistema te mueves; en nuestra sierra la mejor época para ver insectos en general, si no buscamos especies concretas, es desde mediados de mayo hasta mediados de julio; meses también buenos para la observación son abril, agosto y septiembre. Pero todo esto dependerá de la altura a la que nos movamos ya que no es lo mismo el piedemonte, siempre más adelantado, que las cumbres donde la primavera se retrasa mucho; también dependerá de las especies que queramos observar ya que, por ejemplo, para ver saltamontes es mejor agosto y septiembre, pero si buscamos mariposas pocas veremos en tales épocas tardías. Muy importante es fijarse en cómo viene el año, ya que dependiendo de la climatología (calores tempranos o nevadas tardías, sequías o grandes épocas de lluvias,...) las especies de insectos adelantan o retrasan mucho sus ciclos biológicos de un año para otro.

- Vuelve al mismo sitio en otras fechas; piensa que nosotros solo nos fijamos en los insectos en su fase de imago, es decir, cuando alcanzan su madurez

Muchos insectos, aunque parezcan llamativos, pasan totalmente desapercibidos entre la vegetación, como el cadernillo de la foto, *Tomares ballus*.

sexual, siendo la época de su vida que destinan a perpetuarse y se hacen más visibles, pero los insectos pasan la mayoría de su ciclo biológico en otras fases de su vida (huevos, larvas, pupas,…). Además los imagos suelen vivir poco tiempo (en la mayoría de especies no invernantes ni sociales, desde unas pocas horas a unas pocas semanas), pero las fases larvarias pueden vivir años, aunque pasen desapercibidas. Por ello, las formas adultas de los insectos, los imagos, tienen periodos de emergencia muy concretos y cortos en el tiempo (según las horas de luz, temperatura, humedad, disponibilidad de alimento,…), causando a veces lo que se conoce como explosiones demográficas; puede que creamos que no existe una especie en un lugar y lo que sucede es que se encuentra en fase larvaria, por lo que al volver al mismo sitio a los pocos días o semanas veamos muchos imagos donde pensábamos que la especie no existía; o que alguna especie con desarrollo larvario muy largo no produzca una generación de imagos cada primavera o verano y, por tanto, no haya adultos todos los años.

- Hazte un cuaderno de campo personal, como tú quieras, pero apunta siempre el lugar donde has visto la especie, la fecha y hora, la vegetación donde estaba y las condiciones meteorológicas. Te será muy útil para volver a ver esa especie concreta si recuerdas estos datos o incluso podrás ayudar a algún entomólogo si fuera necesario. Y recuerda: de un año para otro las condiciones ambientales pueden cambiar, por eso es importante que las apuntes en el momento de la observación.
- No desaproveches ninguna ocasión para observar insectos; por ejemplo, en una noche de verano en una terraza, como esté cerca de terrenos sin

construir y tenga luces, es fácil que mientras tomamos una cerveza acudan a la luz mariposas nocturnas, escarabajos o cualquier otro insecto interesante. Ten por seguro que si te levantas a observarlos quedarás como un friki, pero no tengas vergüenza, cada loco con su tema, a lo mejor esa observación nos depara agradables sorpresas.

- Recorre los arcenes de la carretera por la mañana temprano y las luces de las casas de campo o calles del pueblo más periféricas por la noche; con seguridad encontrarás multitud de insectos, sobre todo mariposas nocturnas atropelladas o atraídas por la luz de los coches o de las farolas.

Recomendado el decálogo anterior para observar insectos en la naturaleza, también sería muy interesante, ya en nuestra casa, que probásemos alguna vez a observar con una lupa de laboratorio a cualquier insecto, por común que parezca; descubriremos un mundo nuevo que normalmente escapa a nuestra vista de formas magníficas, extrañas, de estructuras increíbles, de brillos y colores bellísimos,... Descubrirás que los insectos son realmente animales maravillosos, que simplemente se mueven en una escala de tiempo y del espacio diferente a la nuestra.

Por último, si quieres tenerlos en la mano, no te lo aconsejo si no los conoces bien, a no ser que vayas con un experto que distinga las principales especies; el tener los insectos en la mano puede ayudar a muchas personas a quitarse ideas preconcebidas, prejuicios y miedos sobre ellos siempre que se sepa lo que se coge y cómo se coge. Nunca cojas mariposas, ya sé que es muy tentador con algunas especies, pero con nuestros dedazos estropearemos la cobertura de escamas de sus alas y no podrán volar, por lo que morirán. Si el insecto no es una mariposa y deseas cogerlo, hazlo siempre con cuidado, nunca por las alas y solo si conoces con seguridad la especie (y él se deja);

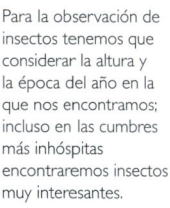
Para la observación de insectos tenemos que considerar la altura y la época del año en la que nos encontramos; incluso en las cumbres más inhóspitas encontraremos insectos muy interesantes.

Casi siempre nos fijamos en la fase adulta de los insectos (imagos), cuando en realidad pasan la mayoría de su vida en las fases inmaduras, a las que no prestamos atención.

recuerda que hay algunos insectos con aguijón venenoso ¡y personas alérgicas a estos venenos que pueden causar la muerte!, otros muerden con fuerza y algunos excretan como defensa sustancias pringosas, malolientes, venenosas o que nos pueden dar alergia, picores o simplemente mucho asco. Pero ten por seguro que, si los dejas en paz, ellos seguirán a lo suyo. ¡Nunca los aplastes ni mates!, aunque te parezcan repulsivos o peligrosos, déjalos que continúen su camino; lo que tú crees una cucaracha, puede ser un coleóptero raro y exclusivo de nuestra sierra (espero que cuando termines de leer este libro hayas aprendido a distinguirlos). Sobre lo de coleccionar mariposas (algo que atrae mucho a algunas personas), ¡olvídate!: se coleccionan objetos, no seres vivos; deja las colecciones de insectos para los científicos (museos, universidades y entomólogos) para que sigan con sus estudios y trabajos de divulgación, pero siempre con los permisos pertinentes de las administraciones. Para el público en general, es mejor la fotografía: lee el capítulo siguiente.

ALGUNOS TRUCOS PARA HACER GRANDES FOTOS A PEQUEÑOS ANIMALES

Antes de empezar este breve apartado tengo que aclarar que yo no soy fotógrafo profesional pero, como amante de la naturaleza, siempre me ha gustado llevarme a casa imágenes de cualquier cosa que me llame la atención en el campo. Como mi interés se ha centrado siempre en los insectos, he aprendido por mi cuenta algunos trucos para conseguir fotos aceptables; es más, hoy en día, con la calidad, ligereza, economía y versatilidad que ofrecen las cámaras digitales, cualquier persona aficionada puede hacer algunas fotos buenas: yo siempre digo que las fotos buenas las hace la cámara, no yo. Los realmente entendidos en fotografía pueden pasar por alto este capítulo ya que con toda seguridad sabrán fotografiar insectos mucho mejor que yo; pero si el lector se inicia en esto de fotografiar «bichos pequeños», que tenga en cuenta mis trucos, eso sí, aprendidos a base de equivocarme, no de mi técnica fotográfica. Espero que os sean útiles:

- Ser fiel a una misma marca; los modelos de máquinas fotográficas de una marca siempre son muy parecidos y se manejan de forma similar; como es lógico, cada modelo nuevo que sale al mercado ofrece más prestaciones y calidad, pero mantiene la forma general de manejo. No voy a decir marcas, pero para mí hay dos marcas superiores a las demás (tienen dos sílabas y terminan en *-on*).
- Olvidémonos de las cámaras réflex con objetivos intercambiables para andar por el campo; para fotografiar insectos en la naturaleza, en mi opinión, son mejores las cámaras compactas de alta gama, más versátiles, ligeras y cómodas de llevar por el campo que una mochila llena de objetivos que hay que cambiar en cada foto (el insecto no esperará). Además, así podremos fotografiar sin engorros cualquier otra cosa que nos interese: aves, mamíferos, paisajes, flora,… que se ponga «a tiro» en nuestros paseos.

Para fotografiar insectos es mejor llevar una buena cámara compacta, para no tener que cambiar de objetivo «si se pone a tiro» cualquier otro animal, como esta abubilla, *Upupa epops*, fotografiada sin tener que cambiar a un enorme zoom.

Una buena cámara compacta también puede hacer excelentes fotos en «macro», sin necesidad de cambiar de objetivo.
Flor de rosal silvestre (*Rosa canina*).

- Lleva la batería cargada al máximo; nada da más rabia que quedarnos sin batería justo delante de una especie interesante.
- Los insectos son animales no plantas, luego olvídate del macro y utiliza el *zoom*. Como cuando descubras al insecto estará cerca, haz la foto desde unos pocos metros de distancia, dando unos pasos hacia atrás y ahora sí, enfoca con el *zoom*. Aunque parezca extraño, así se consiguen excelentes fotos ya que si usamos el macro, al acercarnos al insecto o movernos a su alrededor se espantará. Además evitaremos proyectar sobre el insecto o su entorno nuestra propia sombra.
- Muchas veces, una vez descubierto el insecto entre la vegetación, lo veremos con claridad, pero al buscarlo con el objetivo de la cámara no será tan fácil encontrarlo entre su entorno en una pantalla tan pequeña como las de las cámaras portátiles, por lo que será mejor fijarnos en alguna hierbecilla, flor, palito u otro aspecto que esté al lado del insecto y que destaque, aunque sea levemente del resto, y nos sirva como referencia; después enfocaremos con el *zoom* abierto al máximo al lugar donde se encuentra el insecto e iremos cerrando el *zoom* poco a poco, fijándonos durante el enfoque en el objeto que hemos elegido como referencia hasta localizar al insecto y enfocarlo ya «finamente». Usar el enfoque automático es lo mejor, por la escasa profundidad de campo con la que podremos trabajar.
- Nunca usaremos *flash*; no estamos en un lugar cerrado, luego lo único que conseguiremos serán brillos, sombras y sobreexposiciones.
- Los mejores días para fotografiar insectos son los soleados en las horas centrales del día, para evitar contraluces o sombras demasiado alargadas que puedan molestarnos. Los días nublados serían buenos por la luz, pero en estas ocasiones los insectos no presentan mucha actividad y permanecen escondidos entre la vegetación ya que suele hacer fresco, por lo que son difíciles de observar; como aspecto positivo es que en estos días nublados los

Esta imagen es un ejemplo de cómo se puede perder la ocasión de hacer una foto a una especie rarísima en nuestra Sierra, como la esquiva antíopa, *Nymphalis antiopa*, por no usar el zoom e intentar acercarse al insecto.

insectos sí dejarán que nos acerquemos (si somos capaces de descubrirlos entre la vegetación) y, ahora sí, podríamos usar el macro.

- Si hace aire lo mejor será guardar la cámara, ya que la vegetación sobre la que el insecto se haya posado o la que se encuentre delante de él se balanceará continuamente y la mayoría de las fotos nos saldrán movidas o con oportunos tallos de hierba de por medio.

- Las mejores horas del día para fotografiar insectos diurnos, son entre las once de la mañana y las cuatro de la tarde (una hora más de margen superior e inferior en las semanas alrededor del solsticio de verano). Más temprano o más tarde, como estamos usando el *zoom* (incluido en su zona digital), la luz empieza a escasear y las fotos saldrán con grano; como aspecto positivo, a primeras horas del día o a últimas de la tarde los insectos disminuyen su actividad y a lo mejor es otra de las ocasiones en que nos dejan acercarnos para usar el macro, pero la luz no será la ideal. En el caso de los insectos nocturnos, las mejores horas para fotografiarlos son desde la puesta de Sol hasta tres horas después, cuando tienen más actividad y podremos encontrarlos más fácilmente; curiosamente y aunque parezca mentira, las noches muy húmedas o lluviosas, pero con buena temperatura y sin aire, son ideales para poder observar estos insectos; en estos casos como no hay luz natural, es mejor jugar con la apertura del diafragma y el tiempo de exposición (ISO) que usar el *flash*, por lo que es preferible buscar zonas con iluminación artificial; si no hay iluminación artificial, no nos quedará más remedio que usar el *flash*, pero será muy difícil evitar las sombras o brillos no deseados, luego procuraremos hacer la fotografía colocando la cámara lo más perpendicular posible respecto al insecto, pero teniendo en cuenta el ángulo con que el *flash* ilumina la escena, carácter específico de cada modelo de cámara (conseguir así una buena foto es muy difícil).

No elegir la climatología o la hora adecuada, así como usar el flash, nos dará como resultado la aparición de sombras, brillos o sobreexposiciones que arruinaran una bonita foto.

Es mejor programar la cámara en la opción «ajuste del brillo en el centro de la imagen», para que la cámara enfoque al insecto y no a la vegetación de alrededor, como ha pasado con esta foto de una olmera, *Nymphalis polychloros.*

- Haz las fotos usando una secuencia de disparos sucesivos (ya que el insecto puede moverse); si te da tiempo, realiza una serie en automático y otra situando el ajuste del brillo en el centro de la imagen, ya que si no la cámara enfocará la imagen en la escena general y no en el insecto; es decir, haremos una excelente foto de las hierbas u hojas de alrededor del insecto, pero este saldrá desenfocado (¡qué rabia da eso!).

- Las cámaras con GPS son muy útiles para recordar con el paso del tiempo dónde hicimos la foto. Si no tienes esa opción, apunta el lugar en tu cuaderno de campo.

- Guarda todas las fotos aceptables que consigas de cualquier insecto aunque te parezcan obvias o especies comunes; descárgalas pronto y ordénalas a tu gusto, pero ordénalas, para poder clasificarlas y determinar las especies con calma cuando tengas tiempo. Cuando observes todas las fotos al cabo de varias temporadas, te asombrará la cantidad, diversidad y belleza de las fotos que tienes. Con toda seguridad tendrás algunas mediocres,

Si esperamos a llegar a casa para borrar las fotos que creemos malas, puede ser que al mirarlas con calma, salvemos alguna interesante, aunque no sea de insectos.

muchas normales, pero también tendrás unas cuantas excelentes ya sea por su calidad, belleza o la rareza de la especie fotografiada.

- Utiliza tarjetas de memoria de gran capacidad para programar la cámara en su máxima calidad de imagen y poder guardar en una jornada de campo la mayor cantidad posible de fotos con la mejor calidad, sin que nos quedemos sin espacio.

- No borres ninguna foto en el campo ya que podrías eliminar alguna foto buena sin darte cuenta, sobresaturado de ver muchas imágenes similares; ya borrarás lo que creas oportuno en casa, con calma. No te importe «disparar mucho» o repetir imágenes, así aumentaremos la probabilidad de conseguir una buena imagen; con la fotografía digital podemos obviar el revelado en papel, luego el coste económico es el mismo para muchas fotos que para pocas.

Y pidiendo perdón por mi atrevimiento a las personas que realmente entienden de fotografía en la naturaleza, doy por terminado este apartado; espero que os sirva.

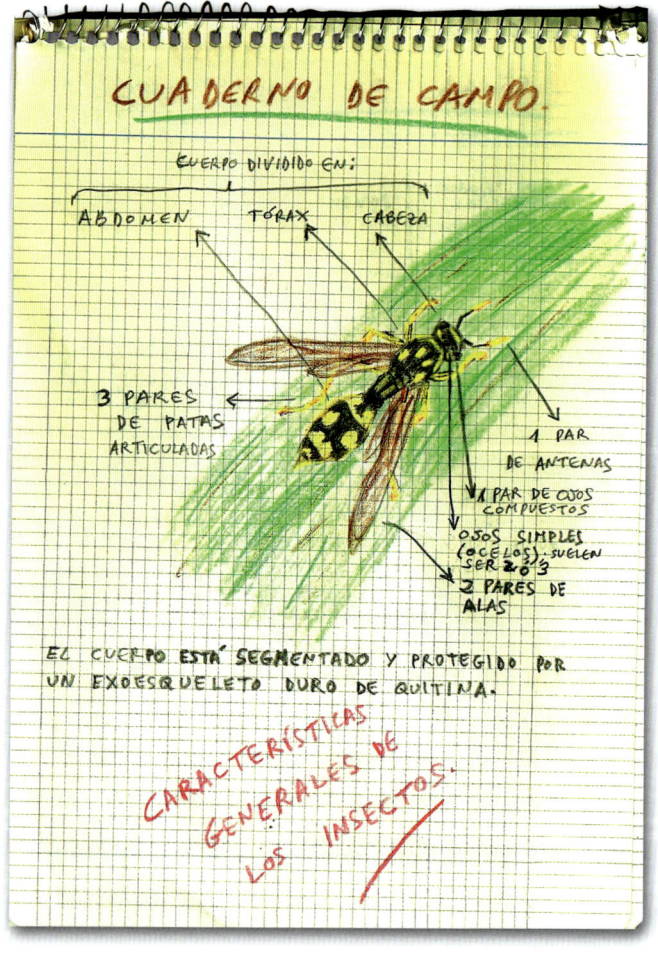

CUADERNO DE CAMPO.

CUERPO DIVIDIDO EN:

ABDOMEN   TÓRAX   CABEZA

3 PARES
DE PATAS
ARTICULADAS

1 PAR
DE ANTENAS

1 PAR DE OJOS
COMPUESTOS

OJOS SIMPLES
(OCELOS). SUELEN
SER 2 ó 3

2 PARES DE
ALAS

EL CUERPO ESTÁ SEGMENTADO Y PROTEGIDO POR
UN EXOESQUELETO DURO DE QUITINA.

CARACTERÍSTICAS
GENERALES DE
LOS INSECTOS.

Llegados a este punto, sería interesante aclararnos sobre lo que es y lo que no es un insecto. Esta afirmación puede parecer obvia, pero no es así, ya que hay muchos errores de concepto al considerar insectos a lo que comúnmente llamamos «bichos», es decir, todos esos pequeños seres que no merecen la simpatía de la mayoría de la gente. En «el saco de los insectos» muchas personas meten animales tan diversos desde el punto de vista biológico como crustáceos, miriápodos, arácnidos o, si hablamos de sus larvas, se mezclan insectos con otros gusanos que nada tienen que ver con ellos desde el punto de vista evolutivo como poliquetos, oligoquetos, anélidos,… En la lámina adjunta de mi cuaderno de campo, explico de manera gráfica y sencilla, las características que nos permiten distinguir a un insecto de otros pequeños animales:

Al ver el dibujo anterior alguien que sea observador habrá pensado: «pues las moscas tienen dos alas o las hormigas no tienen ninguna…». Bien, hay que tener en cuenta que el dibujo representa las características generales y, por adaptación al medio, hay ciertos grupos (órdenes) de insectos que han modificado su anatomía al evolucionar. No obstante, cuando los entomólogos estudian en detalle su desarrollo biológico o su genoma, siempre quedan rastros de esas características generales; ya lo veremos al hablar de cada grupo concreto de insectos más adelante. Por supuesto que hay otras características fisiológicas, metabólicas, etc., que hacen de los insectos una clase de animales distinta a todas las demás y que no aparecen en esta lámina del cuaderno de campo, pero a nosotros nos basta fijarnos en estas características generales que son las más evidentes.

La palabra del dibujo «exoesqueleto» quiere decir que el esqueleto de los insectos (da soporte y rigidez al cuerpo) no está en su interior, sino que forma una capa externa y dura de protección; está constituido por quitina, sustancia química cuyas características son rigidez, impermeabilidad, resistencia mecánica y estabilidad química, siendo muy difícil de degradar. Otro aspecto del desarrollo biológico de los insectos que los diferencia de otros grupos animales es la existencia de metamorfosis en su desarrollo, pero de esto hablaré en el siguiente apartado.

Luego… ¡que quede bien claro!: los crustáceos (cangrejos, gambas,…), los miriápodos (ciempiés, milpiés, escolopendras,…) y los arácnidos (arañas, escorpiones,…) no son insectos, aunque todos estos grupos tienen algunas características comunes: cuerpo segmentado, temperatura corporal según el medio ambiente, patas articuladas,… ya que todos son artrópodos.

Ni miriápodos (milpiés, escolopendras…),
ni arácnidos (arañas, escorpiones…),
ni crustáceos (cangrejos) son insectos.

ENTENDER LA CLASIFICACIÓN DE LOS INSECTOS NO TIENE POR QUÉ SER COMPLICADO

Como ya hemos visto, los insectos son el grupo animal con mayor éxito evolutivo de la Tierra, por lo que se han ido diversificando a lo largo del tiempo geológico para adaptarse a todo tipo de medios y formas de vida. Esto hace que su clasificación sea muy compleja incluso para los expertos en el tema; en biología la ciencia que se encarga de la clasificación de los seres vivos es la taxonomía. Pero en esta obra, yo me centraré solamente en los insectos más representativos de la sierra de Guadarrama, olvidando el resto de grupos que no encontraremos en nuestros paseos por el campo; así intentaré dar una visión sencilla de su clasificación atendiendo solo a los órdenes principales. Se puede decir que un orden de insectos es cada uno de los subgrupos de clasificación en los que podemos subdividirlos atendiendo a modificaciones evolutivas de las características generales de estos animales, por ejemplo: es evidente que un escarabajo es diferente a una avispa, pero ambos son insectos. A continuación pongo un diagrama de flechas esquemático sobre la taxonomía de los insectos:

Tronco: artrópodos › Clase: insectos › Orden › Familia › Género › Especie

Como digo en el título de este capítulo, explicaré los órdenes de insectos de manera sencilla, sin tecnicismos ni palabrejas raras. Muchas veces los científicos usan palabras que el resto de la gente no entiende. Yo creo que lo hacen para «vestirse de sabiduría», pero lo único que consiguen es alejar al gran público de la ciencia.

Lo primero que se tiene en cuenta a la hora de clasificar a los insectos es su metamorfosis. La metamorfosis son los cambios que los insectos sufren a lo largo de su ciclo biológico hasta alcanzar la madurez sexual (esta metamorfosis también se da en otros grupos biológicos, pero aquí solo hablamos de insectos). No obstante, algunos insectos no tienen metamorfosis pero, como suelen ser de tamaño muy pequeño y poco espectaculares, para la iniciación en la entomología nos olvidaremos de ellos; solo decir, que se les conoce como apterigotos (aunque diga de pasada estos nombrecitos de vez en cuando, no nos interesan a la hora de observar insectos, no es necesario recordarlos). Hecha esta salvedad, los órdenes de insectos en los que normalmente nos fijaremos en el campo sí tienen metamorfosis; a estos insectos se les conoce como pterigotos. Esta metamorfosis puede ser de dos maneras:

CUADERNO DE CAMPO

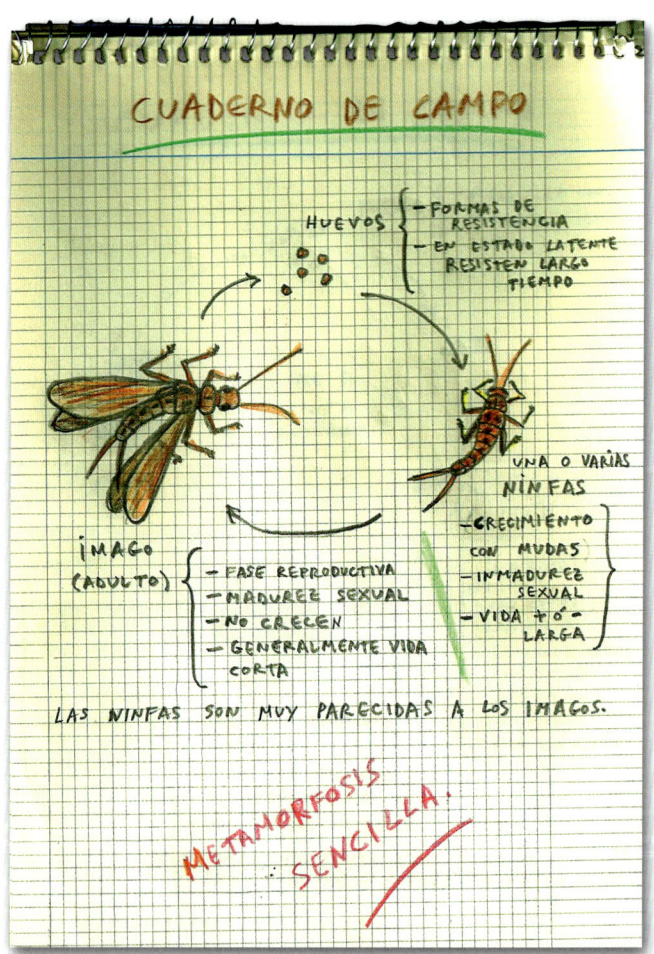

HUEVOS $\Big\{$ – FORMAS DE RESISTENCIA
– EN ESTADO LATENTE RESISTEN LARGO TIEMPO

UNA O VARIAS NINFAS

– CRECIMIENTO CON MUDAS
– INMADUREZ SEXUAL
– VIDA +ó- LARGA $\Big\}$

IMAGO (ADULTO) $\Big\{$ – FASE REPRODUCTIVA
– MADUREZ SEXUAL
– NO CRECEN
– GENERALMENTE VIDA CORTA

LAS NINFAS SON MUY PARECIDAS A LOS IMAGOS.

METAMORFOSIS SENCILLA.

- **Metamorfosis sencilla**, es decir, con pocas fases y con pocas modificaciones al pasar de una a otra; el nombrecito con el que se conoce a estos insectos es el de exopterigotos o hemimetábolos, pero repito, recordar estos nombres en el campo no sirve para disfrutar a la hora de observar insectos. Estos insectos con metamorfosis sencilla son los primeros que surgieron en la evolución.

Imago de libélula recién emergido de su estuche larvario, culminando así el ciclo de su metamorfosis sencilla.

CUADERNO DE CAMPO

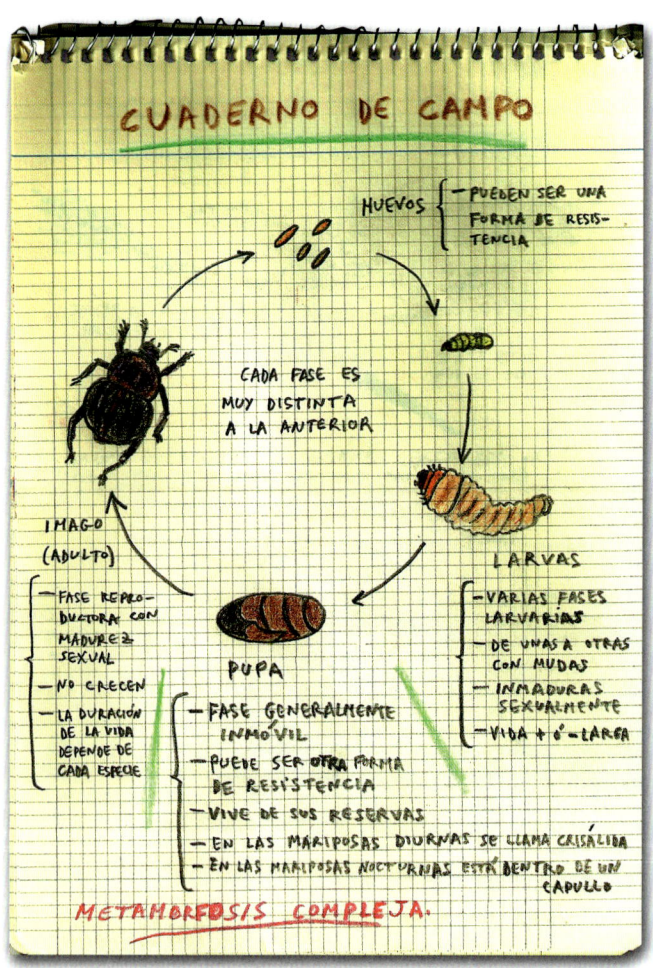

HUEVOS { – PUEDEN SER UNA FORMA DE RESISTENCIA

CADA FASE ES MUY DISTINTA A LA ANTERIOR

IMAGO (ADULTO)

{ – FASE REPRODUCTORA CON MADUREZ SEXUAL
  – NO CRECEN
  – LA DURACIÓN DE LA VIDA DEPENDE DE CADA ESPECIE

PUPA

LARVAS

{ – VARIAS FASES LARVARIAS
  – DE UNAS A OTRAS CON MUDAS
  – INMADURAS SEXUALMENTE
  – VIDA + Ó – LARGA

{ – FASE GENERALMENTE INMÓVIL
  – PUEDE SER OTRA FORMA DE RESISTENCIA
  – VIVE DE SUS RESERVAS
  – EN LAS MARIPOSAS DIURNAS SE LLAMA CRISÁLIDA
  – EN LAS MARIPOSAS NOCTURNAS ESTÁ DENTRO DE UN CAPULLO

METAMORFOSIS COMPLEJA.

- **Metamorfosis compleja**: con varias fases y cambios drásticos en el individuo al pasar de una fase a otra; el nombre técnico para estos insectos es endopterigotos u holometábolos. Se les considera más evolucionados.

El término usado comúnmente como «gusanos» engloba en realidad multitud de formas de vida muy diferentes entre sí (anélidos, oligoquetos, poliquetos,…) y también los estados larvarios de los insectos con metamorfosis compleja.

Cada uno de estos grupos se divide en órdenes, como ya he dicho. Estos son muchos y con características específicas de cada uno, aunque todos tienen las características generales de los insectos, más o menos modificadas. Los órdenes, además de su nombre común, también tienen un nombre técnico derivado del latín; yo diré los dos, pero con saber el nombre común nos valdrá. Para diferenciar un orden de otro, en el capítulo siguiente describiré (agrupadas por órdenes y en fichas explicativas) las especies más interesantes de insectos que podemos observar en nuestra sierra. Al iniciar cada orden pondré una lámina de mi cuaderno de campo con un dibujo explicativo, sencillo y sin tecnicismos, que nos permitirá distinguir en el campo a qué orden de insectos pertenece el que estemos observando en cada momento.

Descendiendo en la clasificación de los insectos, cada orden se divide en familias, géneros y, por último, en especies. He de aclarar que tal es la diversidad de los insectos, que en algunos casos nos valdrá con distinguir unos órdenes de otros o como mucho algunas familias en concreto; llegar más allá en la clasificación de algunos especímenes lo dejaremos para los entomólogos expertos. Incluso los especialistas muchas veces tienen dificultades para llegar a determinar una especie concreta a la que pertenece un individuo observado en el campo, siendo necesario para ello realizar concienzudas observaciones en el laboratorio. En las fichas de insectos del capítulo siguiente, que dan sentido a esta obra, por supuesto que sí identificaré especies concretas.

Un esquema de la clasificación de los insectos según su metamorfosis sería:

INSECTOS	SIN METAMORFOSIS	
	CON METAMORFOSIS	De metamorfosis sencilla
		De metamorfosis compleja

De los muchos órdenes de insectos, me centraré en los que tienen especies de tamaño macroscópico que podremos ver en nuestras excursiones por la sierra (para iniciarnos en el mundo de la entomología nos olvidaremos de los microscópicos). A continuación enumero el nombre común y el científico de dichos órdenes:

- Con metamorfosis sencilla:
  - efímeras (orden Efemerópteros)
  - gusarapas (orden Plecópteros)
  - libélulas y caballitos del diablo (orden Odonatos)
  - saltamontes y grillos (orden Ortópteros)
  - insectos palo (orden Fásmidos)
  - tijeretas (orden Dermápteros)
  - mantis y cucarachas (orden Diptiópteros)

- chinches y chicharras o cigarras (orden Hemípteros)
- Con metamorfosis compleja:
  - hormigas león (orden Neurópteros)
  - moscas escorpión (orden Mecópteros)
  - frigáneas (orden Tricópteros)
  - mariposas diurnas y nocturnas, sesias y zigenas (orden Lepidópteros)
  - moscas, mosquitos, tábanos y cínifes (orden Dípteros)
  - abejas, abejorros, avispas y hormigas (orden Himenópteros)
  - y por último, escarabajos (orden Coleópteros).

Para finalizar, he de remarcar que, para determinar las especies de insectos en su hábitat natural, el observador de la naturaleza generalmente solo se fija en los imagos, es decir, la última fase del desarrollo de la especie (los individuos que han alcanzado la madurez sexual); pero a veces para diferenciar algunas especies concretas la cosa se complica muchísimo, hasta tal punto que puede haber imagos casi idénticos de especies diferentes (aunque parezcan la misma). De tal forma que los entomólogos para clasificar correctamente deben estudiar todas las fases del ciclo biológico y así detectar posibles diferencias, o mirar a la lupa en el laboratorio características tan sutiles como la morfología de los genitales, o realizar análisis genéticos.

Es este punto, sin lugar a dudas, el alma de esta pequeña obra, el capítulo que le da sentido. En él iré presentando las principales especies de insectos que podremos ver en nuestros paseos por el campo. Lo haré en fichas agrupadas en órdenes y a veces, dentro de estos si son muy diversos, por familias; cada orden irá introducido por una ficha de mi cuaderno de campo. Cada especie (o grupo de especies) irá acompañada de una fotografía con un breve texto donde explico sus peculiaridades y algunos aspectos relevantes o curiosos de su biología (fecha de emergencia de los imagos, es decir, cuándo podremos encontrarnos a esa especie por el campo, hábitat en el que se desenvuelve, estado de las poblaciones, si cuenta con alguna medida de protección,...) o cualquier otro aspecto interesante, siempre referido a las poblaciones de la especie en la sierra de Guadarrama.

Pasaré por alto, o simplemente nombraré, insectos muy comunes y que todo el mundo conoce, incluso el más urbanita de los seres humanos, como por ejemplo la mariquita (*Coccinella septempunctata*), el grillo de campo (*Gryllus campentris*), la mosca doméstica (familia *Muscidae,* con varias especies distintas aunque nos parezcan todas iguales),... Pero sí tendré en cuenta a otras especies muchas veces confundidas con las anteriores, aunque en realidad tengan poco que ver con ellas o incluso estén muy distanciadas biológicamente; por ejemplo, existe la costumbre de llamar «mosca» a todo insecto negro, pequeño y que vuela a nuestro alrededor; o «avispa» a todo bicho que zumba molesto con coloración amarilla y negra; o «cucaracha» a todo insecto negro con antenas largas que corre por el suelo.

Debo volver a insistir en que detallar todas las especies de insectos que habitan nuestro privilegiado entorno es imposible (recordar los datos del principio de este libro sobre la diversidad entomológica de la sierra de Guadarrama), por lo que abordaré solo las especies más interesantes, representativas o peculiares de nuestra zona.

Resaltar también que todas las fotos mostradas en esta obra han sido hechas por mí a especímenes silvestres de la sierra de Guadarrama, contando con todos los permisos pertinentes concedidos por las administraciones con competencia en medio ambiente en el territorio que nos ocupa (ver el último apartado de bibliografía). Aunque la mayoría de ellas están hechas en su hábitat natural, algunas fotos son de especímenes de colección procedentes de poblaciones de nuestra sierra; he recurrido a ello cuando la necesidad de agrupar varias especies en una misma foto así lo requería o por motivos didácticos al asociar o comparar una especie con otra; también cuando la dificultad de identificar la especie *in vivo* requería un examen detallado en el laboratorio he recurrido a ejemplares de colección, para asegurarme así de su correcta identificación. Ya sé que el uso de colecciones entomológicas por la ciencia es un asunto controvertido, puesto en cuestión por algunas personas, aunque nunca por científicos; en este sentido, debo aclarar que son un instrumento absolutamente necesario para un trabajo entomológico serio, por la gran dificultad que entraña la taxonomía de los insectos y por la gran variabilidad existente entre poblaciones de una misma especie o incluso entre los individuos de una misma población. Tanto es así, que en algunos casos la determinación de la especie en concreto debe de hacerse analizando su genitalia con la lupa o al microscopio, como ya vimos, y esta observación tan detallada del ejemplar solo se puede realizar capturándolo y llevándolo a un laboratorio. Hay que insistir en que dichas colecciones deben hacerse únicamente por expertos, con un fin científico y, repito, con todos los permisos pertinentes que garanticen que se trata de un trabajo serio y con unos fines claros, nunca de un coleccionismo sin sentido o, peor aún, destinado a un comercio ilícito con ánimo de lucro castigado por la ley.

Sin más, paso a detallar las principales especies de insectos de la sierra de Guadarrama.

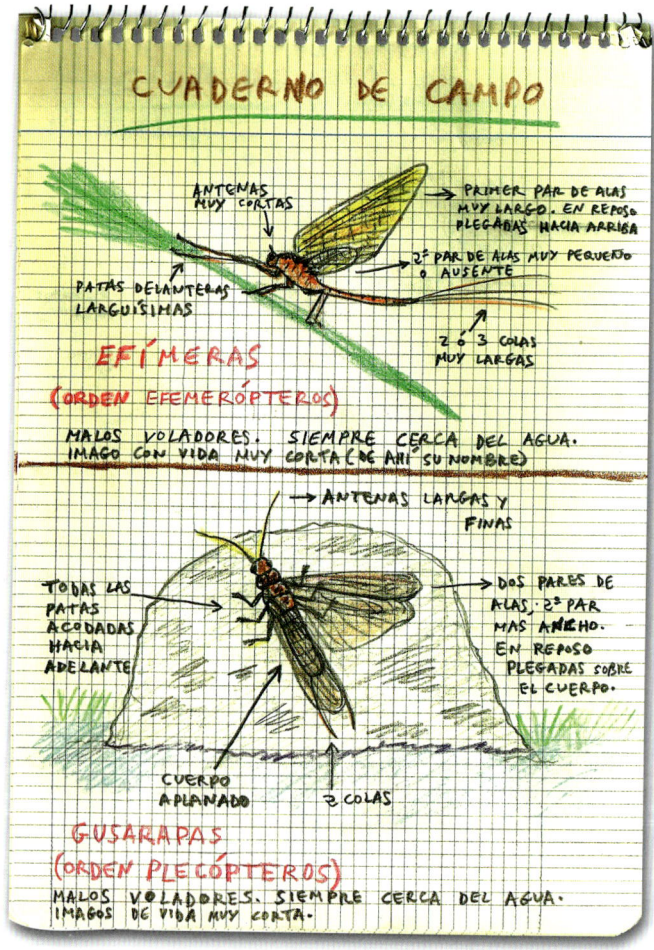

CUADERNO DE CAMPO

ANTENAS MUY CORTAS

→ PRIMER PAR DE ALAS MUY LARGO. EN REPOSO PLEGADAS HACIA ARRIBA

PATAS DELANTERAS LARGUÍSIMAS

→ 2º PAR DE ALAS MUY PEQUEÑO O AUSENTE

2 Ó 3 COLAS MUY LARGAS

EFÍMERAS
(ORDEN EFEMERÓPTEROS)

MALOS VOLADORES. SIEMPRE CERCA DEL AGUA. IMAGO CON VIDA MUY CORTA (DE AHÍ SU NOMBRE)

→ ANTENAS LARGAS Y FINAS

TODAS LAS PATAS ACODADAS HACIA ADELANTE

→ DOS PARES DE ALAS. 2º PAR MÁS ANCHO. EN REPOSO PLEGADAS SOBRE EL CUERPO.

CUERPO APLANADO

2 COLAS

GUSARAPAS
(ORDEN PLECÓPTEROS)

MALOS VOLADORES. SIEMPRE CERCA DEL AGUA. IMAGOS DE VIDA MUY CORTA.

Agrupo estos órdenes de insectos aunque sean bien distintos porque tienen una existencia muy ligada al agua y un modo de vida parecido. Todas las especies de ambos órdenes son poco llamativas y muy difíciles de diferenciar a simple vista. Son insectos bien conocidos por los pescadores, ya que los intentan imitar con sus «moscas artificiales» para la pesca de la trucha. Si encontramos estos insectos en algún riachuelo es señal inequívoca de que sus aguas están libres de contaminación, ya que son muy exigentes respecto a la calidad del agua.

Imago de efímera (efemeróptero); el nombre de estos insectos viene de que solo viven unas horas al caer la tarde (¡son realmente efímeros!, ya que no conocerán un nuevo amanecer).

Ninfa de gusarapa (plecóptero); el ejemplar de la foto no tiene alas porque es una ninfa, no un imago adulto; se les puede encontrar bajo las piedras sumergidas bajo el agua en arroyos de montaña.

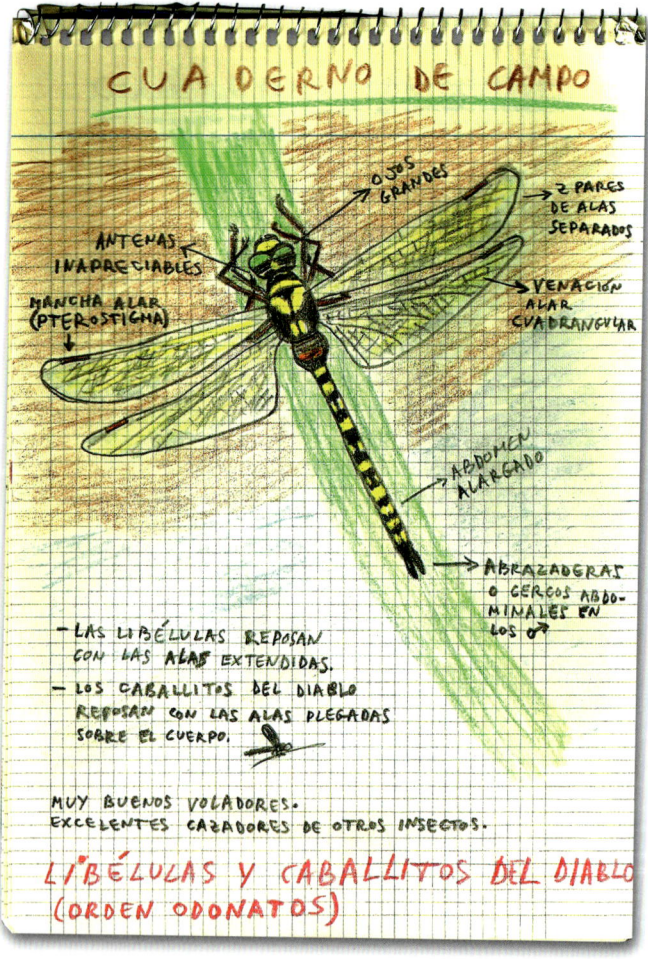

CUADERNO DE CAMPO

- OJOS GRANDES
- 2 PARES DE ALAS SEPARADOS
- ANTENAS INAPRECIABLES
- VENACIÓN ALAR CUADRANGULAR
- MANCHA ALAR (PTEROSTIGMA)
- ABDOMEN ALARGADO
- ABRAZADERAS O CERCOS ABDOMINALES EN LOS ♂

- LAS LIBÉLULAS REPOSAN CON LAS ALAS EXTENDIDAS.
- LOS CABALLITOS DEL DIABLO REPOSAN CON LAS ALAS PLEGADAS SOBRE EL CUERPO.

MUY BUENOS VOLADORES.
EXCELENTES CAZADORES DE OTROS INSECTOS.

LIBÉLULAS Y CABALLITOS DEL DIABLO (ORDEN ODONATOS)

La fase larvaria de las libélulas se desarrolla en el agua y suele durar años, según las especies, aunque la fase adulta (en la que normalmente nos fijamos) vive solo unas semanas.

Calopterix virgo.
Los machos de *Calopteix virgo* son de un bello azul metalizado y las hembras son verde metálico; habita arroyos montanos de aguas vivaces y frías. Una especie muy parecida es *C. xanthostoma;* se diferencia de la anterior porque las alas del macho no son enteramente azules, sino solo a partir de su parte media; ambas especies coexisten en muchos tramos de arroyos, aunque esta segunda especie requiere aguas más tranquilas, pero siempre limpias.

Coenagrium sp.
En la sierra de Guadarrama hay varias especies de caballitos del diablo del género *Coenagrium* sp., como *C. mercuriale* (especie protegida), *C. puella, C. coerulescens* y *C. lindenii.* Todas ellas son especies muy parecidas, difíciles de distinguir; de bonito bandeado azul cian y negro azabache; viven en aguas no contaminadas, aunque según la especie pueden ser aguas más o menos estancadas.

Sympetrum sp.
Las especies del género *Sympetrum* sp. son conocidas como libélulas rojas; difíciles de distinguir entre sí presentan machos vistosos de color rojo o pardo rojizo y hembras amarillentas menos llamativas. Otra bonita libélula roja que podemos encontrar en nuestras aguas es *Crocothemis erytraea*, que se diferencia del género anterior por su abdomen más ancho y aplanado. Todas estas libélulas habitan aguas limpias, paradas y más o menos profundas, como los embalses del pie de la sierra.
En la foto se aprecia a un macho y una hembra de *Sympetrum* sp., en la típica rueda de copulación de los Odonatos: el macho captura a la hembra por el cuello con sus agarraderas del final del abdomen formando un tándem, hasta que la hembra busca el orificio genital del macho alojado cerca del tórax; esta postura típica es conocida como rueda de apareamiento.

Cordulegaster boltonii.
Otra de las libélulas de Guadarrama es *Cordulegaster boltonii* que requiere aguas limpias y oxigenadas; se puede confundir con otras especies de coloración parecida. A pesar de su aspecto todas las libélulas son totalmente inofensivas.

Aeshna juncea.
La *Aeshna juncea* es una bellísima y cada vez más escasa libélula propia de aguas de alta montaña, muy frías, limpias y oxigenadas. Forma grandes grupos de migración.

SALTAMONTES Y GRILLOS (ORDEN ORTÓPTEROS)

Entre los Ortópteros de nuestra sierra se encuentran especies de gran valor biológico por su rareza, algunas de las cuales describiré a continuación, aunque también se encuentran especies muy comunes como los saltamontes de alas azules (*Oedipoda coerulescens*) y de alas rojas (*Acrotylus insubricus*) o el grillo campestre (*Gryllus campestris*).

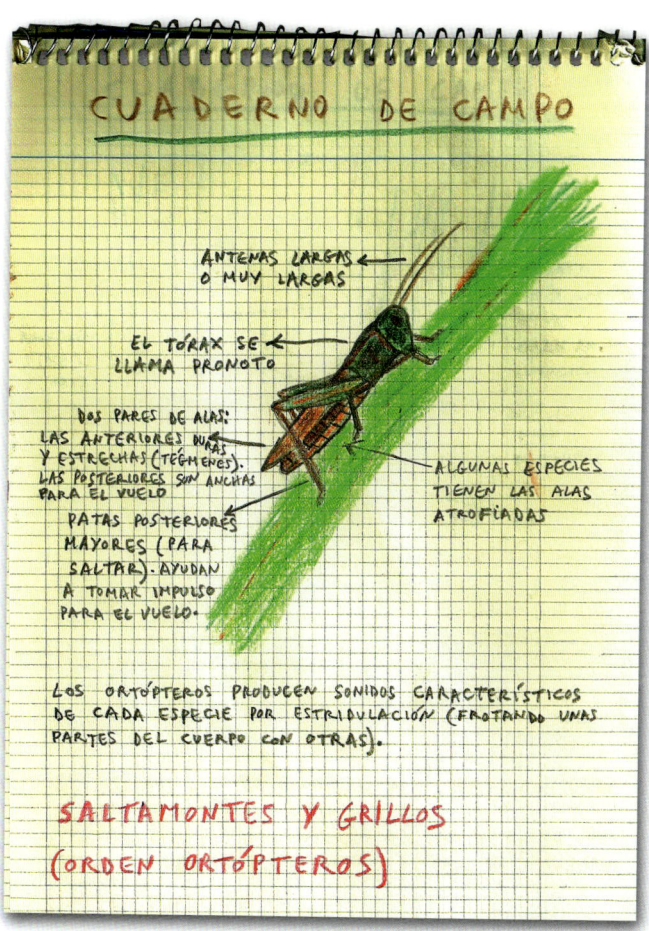

CUADERNO DE CAMPO

ANTENAS LARGAS
O MUY LARGAS

EL TÓRAX SE
LLAMA PRONOTO

DOS PARES DE ALAS:
LAS ANTERIORES DURAS
Y ESTRECHAS (TEGMENES).
LAS POSTERIORES SON ANCHAS
PARA EL VUELO

ALGUNAS ESPECIES
TIENEN LAS ALAS
ATROFIADAS

PATAS POSTERIORES
MAYORES (PARA
SALTAR). AYUDAN
A TOMAR IMPULSO
PARA EL VUELO.

LOS ORTÓPTEROS PRODUCEN SONIDOS CARACTERÍSTICOS
DE CADA ESPECIE POR ESTRIDULACIÓN (FROTANDO UNAS
PARTES DEL CUERPO CON OTRAS).

SALTAMONTES Y GRILLOS
(ORDEN ORTÓPTEROS)

Podisma carpetana carpetana es un peculiar saltamontes de altísimo valor científico, ya que se trata de un endemismo de la sierra de Guadarrama (no se encuentra en otro lugar del mundo). Se había dado por extinguido en los años sesenta, pero hace poco se ha encontrado una nueva población. Es una especie de muy alta montaña (por encima de los 2000 m), que corretea entre las matas aisladas de jabinos y piornos; este modo de vida hace que sea un saltamontes con una morfología peculiar: ha perdido las alas, las patas saltadoras se han acortado y los otros pares de patas se han engrosado. Para desarrollar su ciclo vital necesita inviernos muy duros y largos, con nieves casi perpetuas; los imagos emergen en agosto, estando totalmente adaptados a la carencia de agua y la gran insolación propias de los cortos veranos de nuestras cumbres. Se trata, en todos los aspectos, de un gran superviviente.

Podisma carpetana carpetana.

Tettigonia hispanica

Tettigonia hispanica es un grillo de matorral endémico del Sistema Central, por lo que también tiene gran interés científico; podemos observar los imagos entre julio y septiembre, en zonas de media montaña por encima de los 1200 m, entre vegetación húmeda pero soleada como la que se encuentra en la ribera de arroyos y claros de pinar, aunque se trata de una especie localizada y poco común. Es parecida a la chicharra verde (*Tettigonia viridissima*), muchísimo más común y ubicua. Ambas especies se diferencian porque las alas de *T. hispanica* llegan hasta el final del abdomen, sin cubrir el ovopositor (aguja al final del abdomen de las hembras) como se ve en la foto, mientras que en *T. viridissima* las alas cubren todo el ovopositor. A pesar de su aspecto ambas especies son inofensivas; las hembras utilizan el ovopositor para enterrar la puesta en el suelo sin ninguna función defensiva.

Al ortóptero *Steropleurus stali* o chicharra de montaña podremos encontrarlo de junio a octubre, desde la media hasta la muy alta montaña en muy diversos hábitats (pinares, piornales, canchales de las cumbres,…); según la vegetación predominante varía mucho su color (negro, verde, pardo,…) por lo que es una especie que casi siempre se escucha, pero casi nunca se ve. Su papel ecológico es muy importante porque, debido a su abundancia y gran tamaño, es el alimento durante el verano de multitud de pequeñas rapaces (cernícalos, alcotanes, mochuelos, autillos,…) sobre todo para los pollos del año. El ovopositor de las hembras es especialmente fuerte, pudiendo perforar suelos totalmente compactados o incluso el asfalto de pistas forestales; así se aseguran de que la puesta queda protegida del durísimo invierno de la sierra. A pesar de ello, todos los grillos de matorral son inofensivos. Otra peculiaridad morfológica es que las alas están totalmente atrofiadas formando un órgano de estridulación.

Chicharra de montaña.

El alacrán cebollero o grillo-topo (*Grillotalpa grillotalpa*) es una especie más conocida por su estridencia que por su apariencia, ya que es un insecto subterráneo y nocturno que rara vez se deja ver. A pesar de su impresionante aspecto y su temible nombre es totalmente inofensivo; me gusta más el nombre de grillo-topo, ya que su par de patas delantero se ha modificado en un par de patas excavadoras con enormes uñas parecidas a las de los topos. Aunque conserva sus alas totalmente desarrolladas, es una especie reacia a volar. Las cavidades en la tierra de estos grillos se diferencian de las del grillo común en que tienen dos entradas (separadas unos tres centímetros) excavadas perpendicularmente hacia el interior de la tierra, no en rampa; debajo de dichos orificios hay una «cámara de canto» donde el grillo-topo lanza al aire su chirriante canto en las noches veraniegas, protegido de los predadores al no exponerse al exterior.

Alacrán cebollero o grillo-topo.

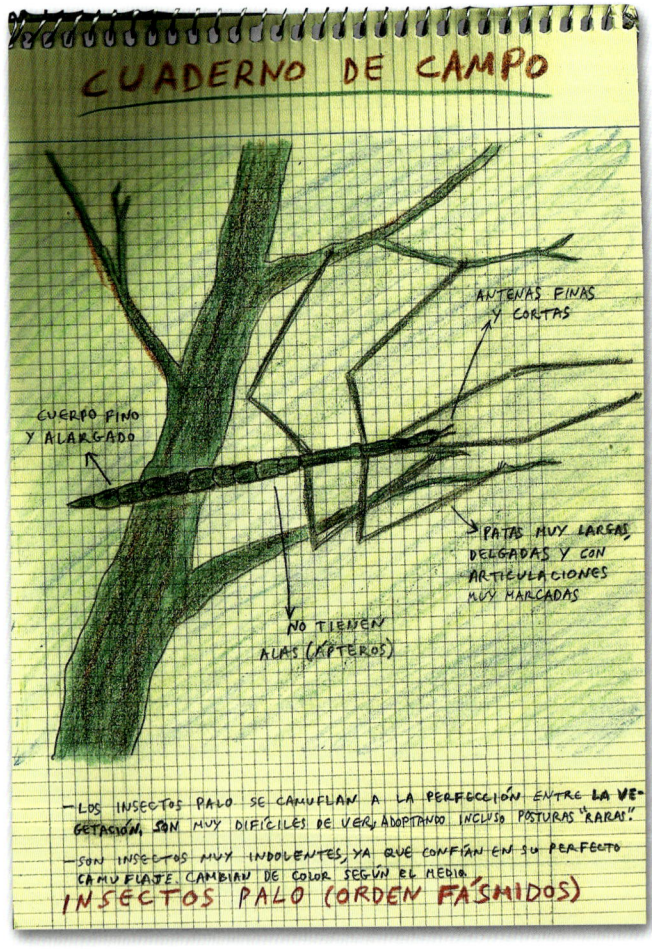

CUADERNO DE CAMPO

ANTENAS FINAS
Y CORTAS

CUERPO FINO
Y ALARGADO

PATAS MUY LARGAS,
DELGADAS Y CON
ARTICULACIONES
MUY MARCADAS

NO TIENEN
ALAS (ÁPTEROS)

—LOS INSECTOS PALO SE CAMUFLAN A LA PERFECCIÓN ENTRE LA VE-
GETACIÓN, SON MUY DIFÍCILES DE VER, ADOPTANDO INCLUSO POSTURAS "RARAS".

—SON INSECTOS MUY INDOLENTES, YA QUE CONFÍAN EN SU PERFECTO
CAMUFLAJE. CAMBIAN DE COLOR SEGÚN EL MEDIO.

INSECTOS PALO (ORDEN FÁSMIDOS)

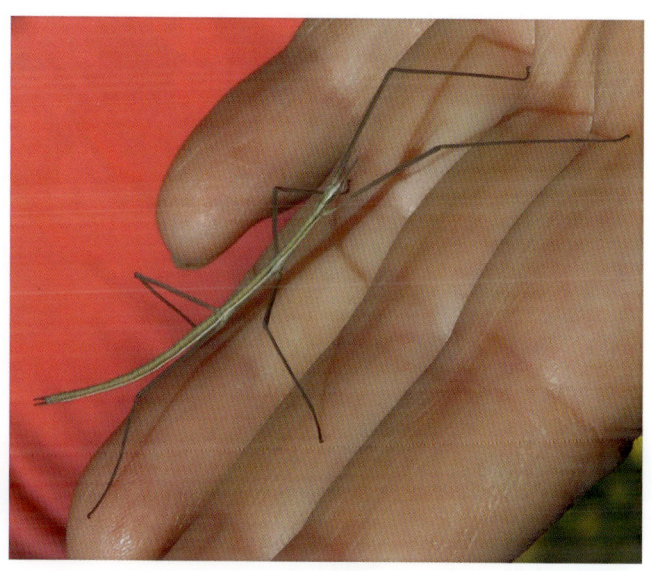

Solo habitan nuestros campos dos especies de insectos palo del género *Leptynia* sp. muy parecidas entre sí. Sus características son: insectos gráciles, delicados, muy alargados, de patas larguísimas y muy articuladas, sin alas (ápteros), antenas muy cortas; cambian de color según la vegetación en la que se encuentren; tienen un modo de vida pasivo e indolente confiando plenamente en su perfecto camuflaje. Por todo ello, son insectos muy difíciles de descubrir entre el pasto y, en consecuencia, desconocidos para la mayoría de la gente, pensando que los insectos palo solo habitan las selvas tropicales. Otra curiosidad es que tienen reproducción partenogenética (las hembras producen huevos fértiles sin copular con machos). No obstante, los machos aunque son muy infrecuentes aparecen al final del verano para fecundar a las hembras que producen huevos fertilizados más resistentes, que pasarán el invierno hasta el verano siguiente.

TIJERETAS (ORDEN DERMÁPTEROS)

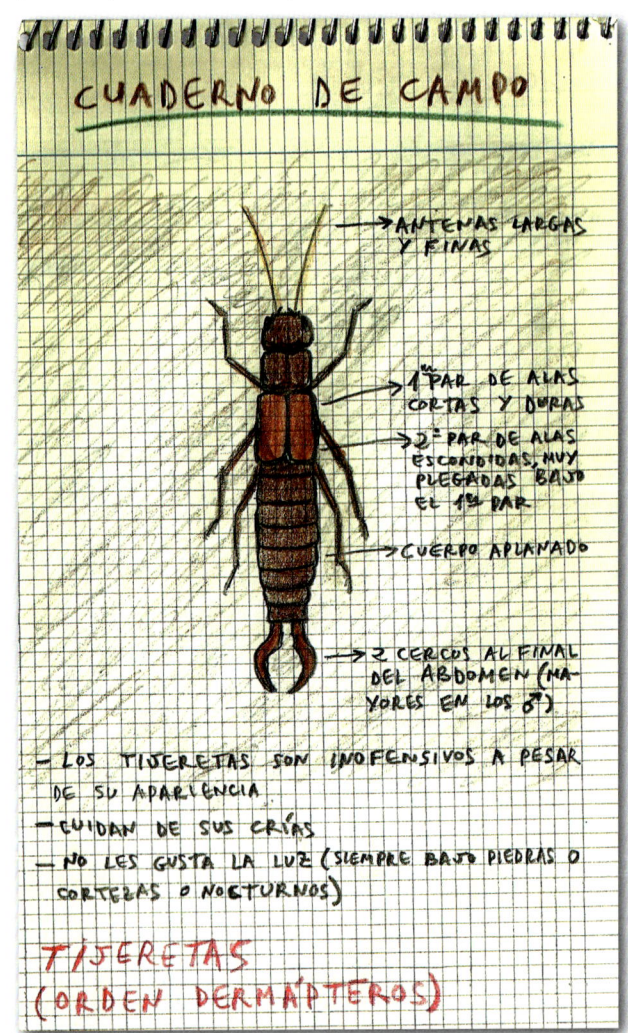

CUADERNO DE CAMPO

→ ANTENAS LARGAS Y FINAS

→ 1ᵉʳ PAR DE ALAS CORTAS Y DURAS

→ 2º PAR DE ALAS ESCONDIDAS, MUY PLEGADAS BAJO EL 1ᵉʳ PAR

→ CUERPO APLANADO

→ 2 CERCOS AL FINAL DEL ABDOMEN (MAYORES EN LOS ♂)

— LOS TIJERETAS SON INOFENSIVOS A PESAR DE SU APARIENCIA

— CUIDAN DE SUS CRÍAS

— NO LES GUSTA LA LUZ (SIEMPRE BAJO PIEDRAS O CORTEZAS O NOCTURNOS)

TIJERETAS (ORDEN DERMÁPTEROS)

Tijereta.

Las tijeretas o «cortapichas», a pesar de ser insectos bastante comunes, son poco diversos, con pocas especies muy parecidas entre sí. Aunque parezca mentira tienen dos pares de alas, el primer par endurecido y reducido y el segundo bien conformado pero absolutamente plegado bajo el primer par. Las antenas son largas y finas; al final del abdomen tienen dos cercos similares a pinzas, mayores en los machos, que levantan y abren cuando se sienten amenazados, pero con una función intimidatoria, ya que en realidad no poseen músculos fuertes para cerrar los cercos, es decir, no pueden «pellizcar» con fuerza. A las tijeretas no les gusta la luz, por lo que viven bajo cortezas, piedras y tocones. Como curiosidad comentar que son de los pocos insectos no sociales que cuidan de sus crías.

MANTIS Y CUCARACHAS (ORDEN DIPTIÓPTEROS)

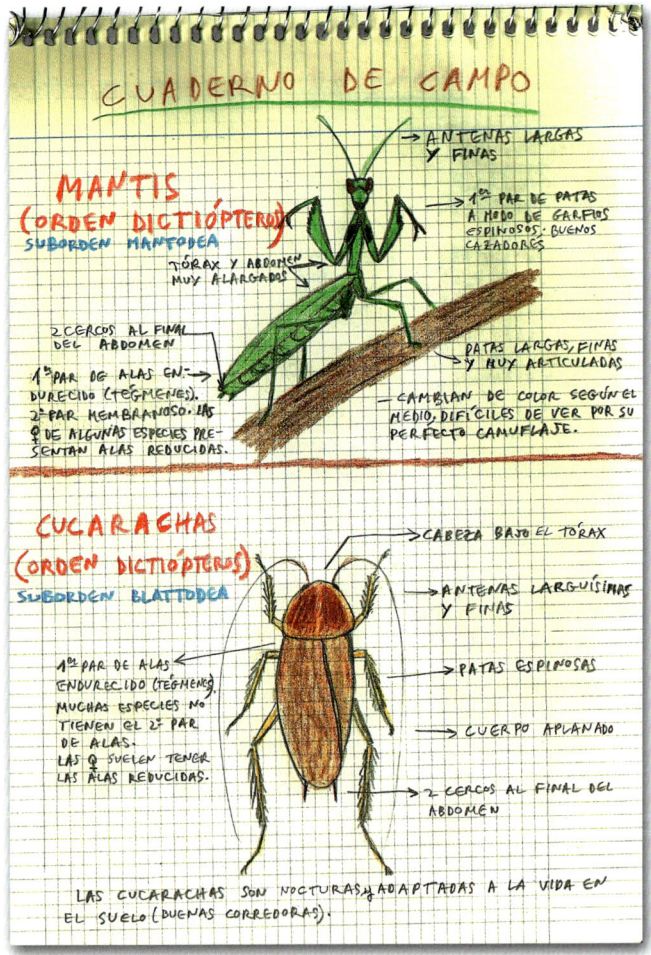

CUADERNO DE CAMPO

MANTIS
(ORDEN DICTIÓPTERO)
SUBORDEN MANTODEA

→ ANTENAS LARGAS Y FINAS

→ 1ᵉʳ PAR DE PATAS A MODO DE GARFIOS ESPINOSOS· BUENOS CAZADORES

TÓRAX Y ABDOMEN MUY ALARGADOS

2 CERCOS AL FINAL DEL ABDOMEN

1ᵉʳ PAR DE ALAS ENDURECIDO (TEGMENES). 2º PAR MEMBRANOSO. LAS ♀ DE ALGUNAS ESPECIES PRESENTAN ALAS REDUCIDAS.

→ PATAS LARGAS, FINAS Y MUY ARTICULADAS

→ CAMBIAN DE COLOR SEGÚN EL MEDIO, DIFÍCILES DE VER POR SU PERFECTO CAMUFLAJE.

CUCARACHAS
(ORDEN DICTIÓPTEROS)
SUBORDEN BLATTODEA

→ CABEZA BAJO EL TÓRAX

→ ANTENAS LARGUÍSIMAS Y FINAS

1ᵉʳ PAR DE ALAS ENDURECIDO (TEGMENES). MUCHAS ESPECIES NO TIENEN EL 2º PAR DE ALAS. LAS ♀ SUELEN TENER LAS ALAS REDUCIDAS.

→ PATAS ESPINOSAS

→ CUERPO APLANADO

→ 2 CERCOS AL FINAL DEL ABDOMEN

LAS CUCARACHAS SON NOCTURNAS Y ADAPTADAS A LA VIDA EN EL SUELO (BUENAS CORREDORAS).

Empusa.

Todo el mundo conoce a la mantis religiosa, por eso dedico este espacio a otra mantis mucho menos conocida: la *Empusa pennata*. Este insecto parece un alienígena salido de una película de ciencia ficción pero en realidad sus extravagantes formas están diseñadas por la naturaleza para conseguir un perfecto mimetismo entre la hierba; esta «invisibilidad» es lo que hace a esta especie tan desconocida. Cabe destacar que entre los mántidos se da una costumbre rara y peculiar en la naturaleza: el canibalismo sexual, consistente en que las hembras devoran a los machos durante la cópula. Hay varias teorías sobre esto: unas dicen que favorece la calidad de la fecundación, otras que aporta una energía extra para la formación de los huevos,… Yo creo que

simplemente las mantis hembras, mucho más grandes que los machos, no controlan su instinto predador al tener una presa tan cerca, aunque esa presa sea de su misma especie.

Cucaracha americana.

La cucaracha americana (*Periplaneta americana*) a pesar de su nombre no proviene de América, sino de África. Es una de las especies de cucarachas domésticas más frecuentes aunque en nuestra sierra nunca se encuentra en la naturaleza ya que los fríos y largos inviernos se encargan de ella; en cambio es frecuente en el interior de viviendas, desagües, industrias alimentarias,… Debo insistir reiteradamente en que nos fijemos en la morfología y características de las cucarachas, ya que no tienen nada que ver con los Coleópteros, los escarabajos, tantas veces aplastados por confusión o ignorancia. Aunque existen varias especies de cucarachas silvestres en la sierra de Guadarrama, por su pequeño tamaño no recabaremos en su presencia. La cucaracha americana es cosmopolita y antrópica, es decir, se distribuye por todo el mundo siendo su existencia y dispersión favorecida por el hombre.

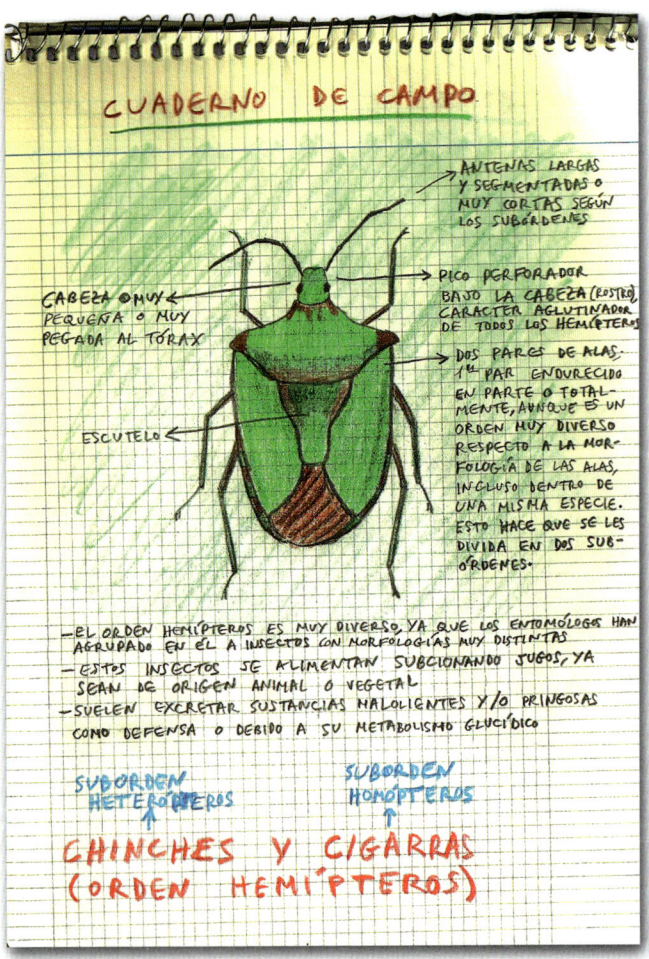

CUADERNO DE CAMPO

ANTENAS LARGAS Y SEGMENTADAS O MUY CORTAS SEGÚN LOS SUBÓRDENES

PICO PERFORADOR BAJO LA CABEZA (ROSTRO), CARÁCTER AGLUTINADOR DE TODOS LOS HEMÍPTEROS

CABEZA O MUY PEQUEÑA O MUY PEGADA AL TÓRAX

DOS PARES DE ALAS. 1ER PAR ENDURECIDO EN PARTE O TOTALMENTE, AUNQUE ES UN ORDEN MUY DIVERSO RESPECTO A LA MORFOLOGÍA DE LAS ALAS, INCLUSO DENTRO DE UNA MISMA ESPECIE. ESTO HACE QUE SE LES DIVIDA EN DOS SUBÓRDENES.

ESCUTELO

- EL ORDEN HEMÍPTEROS ES MUY DIVERSO, YA QUE LOS ENTOMÓLOGOS HAN AGRUPADO EN EL A INSECTOS CON MORFOLOGÍAS MUY DISTINTAS
- ESTOS INSECTOS SE ALIMENTAN SUBCIONANDO JUGOS, YA SEAN DE ORIGEN ANIMAL O VEGETAL
- SUELEN EXCRETAR SUSTANCIAS MALOLIENTES Y/O PRINGOSAS COMO DEFENSA O DEBIDO A SU METABOLISMO GLUCÍDICO

SUBORDEN HETERÓPTEROS

SUBORDEN HOMÓPTEROS

CHINCHES Y CIGARRAS (ORDEN HEMÍPTEROS)

Chinche guitarra.
El nombre común de *Graphosoma italicum*, chinche guitarra, se debe a su llamativo colorido, parecido a las cuerdas de una guitarra. Las chinches de esta familia suelen ser de colores menos llamativos (verdes, marrones, pardos,…) para camuflarse entre la vegetación y se les conoce como «chinches escudo», por su forma similar a un escudo, o «chinches hediondas», porque excretan como defensa sustancias de olor repugnante. La mayoría de las personas consideran que todas las especies de chinches son insalubres y parásitas del hombre, debido a que generalizan el comportamiento del chinche de las camas *Cimex lectularius* (especie inexistente en la sierra de Guadarrama y casi desaparecida en España) a todo el orden, pero la inmensa mayoría de chinches se alimentan de sabia o de otros insectos, siendo una minoría parásitas de aves o mamíferos.

Zapatero.
El zapatero (*Pyrrhocoris apterus*) es un conocido insecto parecido a la suela de un zapato (de ahí su nombre), también es una chinche (hemíptero) que desarrolla su ciclo vital en la *Malva* sp. preferentemente.

Chinche cazadora.
Las chinches de la familia Reduviidae o chinches cazadoras son efectivos predadores de otros insectos a los que absorben sus jugos internos después de clavarles su enorme «pico» facial.

Zapateros de agua.
Hay hemípteros que se han adaptado a modos de vida acuáticos ya sea sobre el agua o bajo el agua; los conocidos como zapateros de agua son chinches de varias especies que aprovechan la tensión superficial del agua para poder «remar» sobre ella.

Chinche acuática sumergida. Zarapito.
Los zarapitos (*Notonecta maculata*) son chinches de agua pero de vida sumergida que nadan como si la superficie del agua fuese un cristal y el insecto anduviera por la parte interna de dicho cristal boca arriba; respiran por el ano que «asoman» a la superficie de vez en cuando.

Cigarra o chicharra.
Las cigarras o chicharras son muy conocidas por su estridencia veraniega, pero pocas personas han logrado verlas por su perfecto camuflaje entre la vegetación. La especie fotografiada, *Tibicina haematodes*, es frecuente en bosques mixtos de media montaña, aunque hay otras especies parecidas propias de pinares o pastizales del piedemonte.

Chicharrilla saltadora.
Las chicharrillas saltadoras (*Stictocephalus bisonia*) son llamadas así porque a pesar de su pequeño tamaño ejecutan enormes y rapidísimos saltos entre la vegetación dando la sensación de que aparecen y desaparecen de súbito; en la fotografía muestro una de las especies más peculiares por su aspecto «extraterrestre» (en realidad imita a una semilla), siendo un claro ejemplo de que si observamos a los insectos con una lupa nos llevaremos curiosas sorpresas.

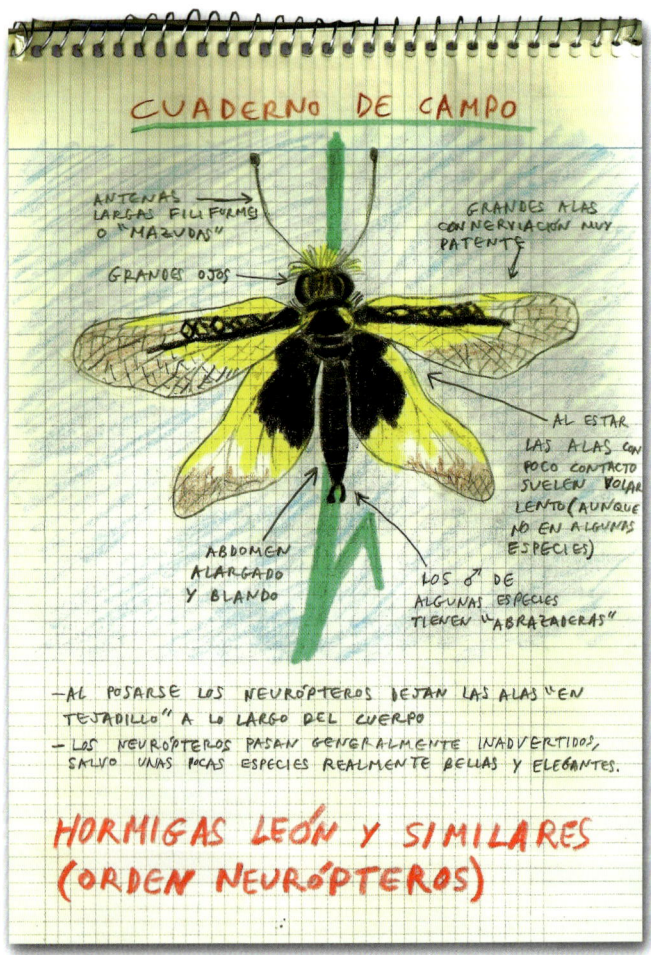

CUADERNO DE CAMPO

ANTENAS LARGAS FILIFORMES O "MAZUDAS"

GRANDES OJOS

GRANDES ALAS CON NERVIACIÓN MUY PATENTE

AL ESTAR LAS ALAS CON POCO CONTACTO SUELEN VOLAR LENTO (AUNQUE NO EN ALGUNAS ESPECIES)

ABDOMEN ALARGADO Y BLANDO

LOS ♂ DE ALGUNAS ESPECIES TIENEN "ABRAZADERAS"

- AL POSARSE LOS NEURÓPTEROS DEJAN LAS ALAS "EN TEJADILLO" A LO LARGO DEL CUERPO
- LOS NEURÓPTEROS PASAN GENERALMENTE INADVERTIDOS, SALVO UNAS POCAS ESPECIES REALMENTE BELLAS Y ELEGANTES.

HORMIGAS LEÓN Y SIMILARES (ORDEN NEURÓPTEROS)

Familia Myrmeleontidae. Hormigas león.
Existen en nuestra sierra varias especies de hormigas león, difíciles de diferenciar entre sí. Su temible nombre se debe a que sus larvas (fotografía inferior) viven en el suelo enterradas al final de embudos de arena construidos por ellas mismas, donde asoman sus enormes mandíbulas a la espera de que caiga algún insecto (frecuentemente hormigas) en su trampa y resbale hasta sus mandíbulas para ser devorado.

Nemoptera bipennis.
En mi opinión, *Nemoptera bipennis* se trata del insecto más elegante que podremos encontrar en la sierra de Guadarrama; es una bella especie de tamaño apreciable (como el dedo índice más o menos), a pesar de que los neurópteros suelen ser insectos poco llamativos y pequeños. *Nemoptera bipennis* es un endemismo ibérico (su distribución se limita a la península ibérica); en nuestra zona es cada vez más raro y debería estar protegido. Lo podremos ver al final de la primavera y durante todo el verano en áreas herbáceas cercanas a cursos de agua o pequeñas zonas endorreicas estacionales, con preferencia de terrenos calizos o arenosos. Para no confundirlo con una libélula hay que fijarse en dos aspectos, en que se alimenta en las flores, no es un predador, y en que se trata de una especie mucho más pasiva, con un vuelo que nada tiene que ver con la agilidad y rapidez de las libélulas.

Libelloides longicornis. Ascaláfido.
Aquí os presento a otra especie de neuróptero realmente hermosa de nuestras montañas: *Libelloides longicornis*; a pesar de su aspecto es totalmente inofensivo; habita en los cervunales de la alta montaña mimetizándose a la perfección entre la hierba cuando está en reposo. Hay otras dos especies muy similares en Guadarrama: *Libelloides baeticus* y *L. hispanicus*, ambos son endemismos ibéricos que encontraremos en el piedemonte, en

áreas de clima más mediterráneo. Los ascaláfidos son los únicos neurópteros que vuelan bien, siendo tremendamente rápidos y ágiles, alimentándose de otros insectos que capturan en vuelo. Los machos, como el de la imagen, tienen dos cercos (abrazaderas) al final del abdomen para agarrar a la hembra en el cortejo. Como se ve, son insectos fácilmente confundibles con libélulas pero se diferencian de estas por sus largas antenas mazudas.

«MOSCAS» ESCORPIÓN Y FRIGÁNEAS
(ÓRDENES MECÓPTEROS Y TRICÓPTEROS)

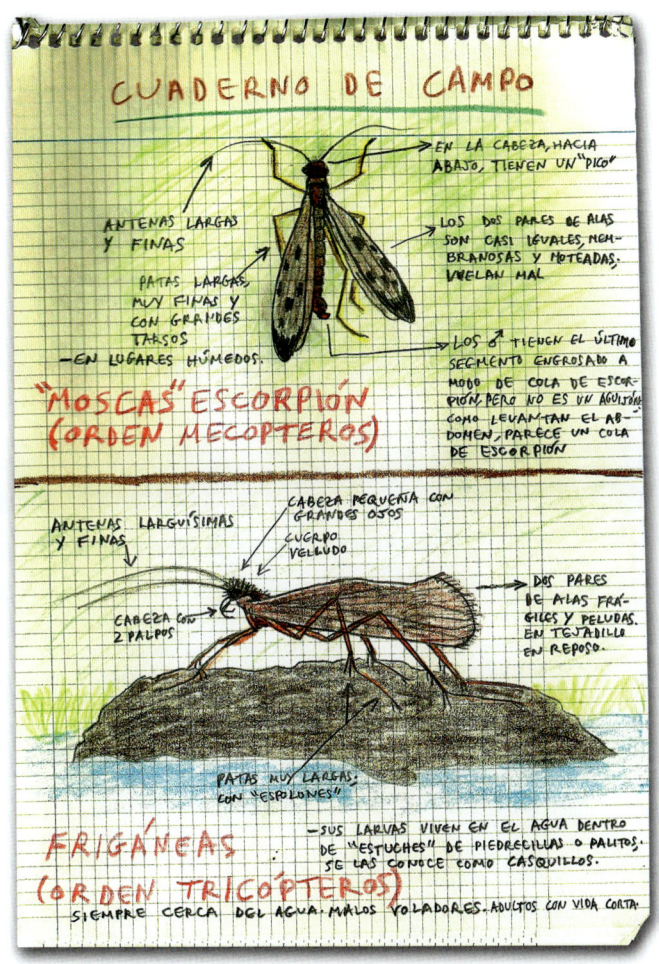

CUADERNO DE CAMPO

EN LA CABEZA, HACIA ABAJO, TIENEN UN "PICO"

ANTENAS LARGAS Y FINAS

LOS DOS PARES DE ALAS SON CASI IGUALES, MEMBRANOSAS Y MOTEADAS. VUELAN MAL

PATAS LARGAS, MUY FINAS Y CON GRANDES TARSOS

—EN LUGARES HÚMEDOS.

LOS ♂ TIENEN EL ÚLTIMO SEGMENTO ENGROSADO A MODO DE COLA DE ESCORPIÓN, PERO NO ES UN AGUIJÓN. COMO LEVANTAN EL ABDOMEN, PARECE UNA COLA DE ESCORPIÓN

"MOSCAS" ESCORPIÓN
(ORDEN MECOPTEROS)

CABEZA PEQUEÑA CON GRANDES OJOS

ANTENAS LARGUÍSIMAS Y FINAS

CUERPO VELLUDO

CABEZA CON 2 PALPOS

DOS PARES DE ALAS FRÁGILES Y PELUDAS. EN TEJADILLO EN REPOSO.

PATAS MUY LARGAS, CON "ESPOLONES"

FRIGÁNEAS
(ORDEN TRICÓPTEROS)

—SUS LARVAS VIVEN EN EL AGUA DENTRO DE "ESTUCHES" DE PIEDRECILLAS O PALITOS. SE LAS CONOCE COMO CASQUILLOS.

SIEMPRE CERCA DEL AGUA. MALOS VOLADORES. ADULTOS CON VIDA CORTA.

Trato a la vez estos dos órdenes bien distintos debido a que ambos tienen una existencia ligada al agua o ambientes húmedos y difícilmente el entomólogo neófito recabará en ellos al ser especies poco llamativas, no muy grandes, difíciles de distinguir entre ellas y con imagos que viven pocos días. El orden Mecópteros tiene solo dos especies muy similares en nuestra sierra. El orden Tricópteros es mucho más diverso, con algunas especies de alto valor científico en Guadarrama, pero poco llamativas y difíciles de diferenciar entre sí —aunque se trata de otro orden bien conocido por los pescadores para imitar «moscas artificiales» y por sus larvas (casquillos)—; si encontramos frigáneas en un riachuelo es señal de que sus aguas están limpias.

Pareja de mecópteros o moscas escorpión (no tienen nada que ver con las moscas a pesar de su nombre común); a la derecha el macho con el engrosamiento de los últimos segmentos abdominales que dan el equivocado nombre común a estos insectos.

Las frigáneas son más conocidas en su fase larvaria (casquillos) que en su estado adulto, siendo más fáciles de diferenciar las especies en dicha etapa ya que cada una tiene su particular estuche larvario.

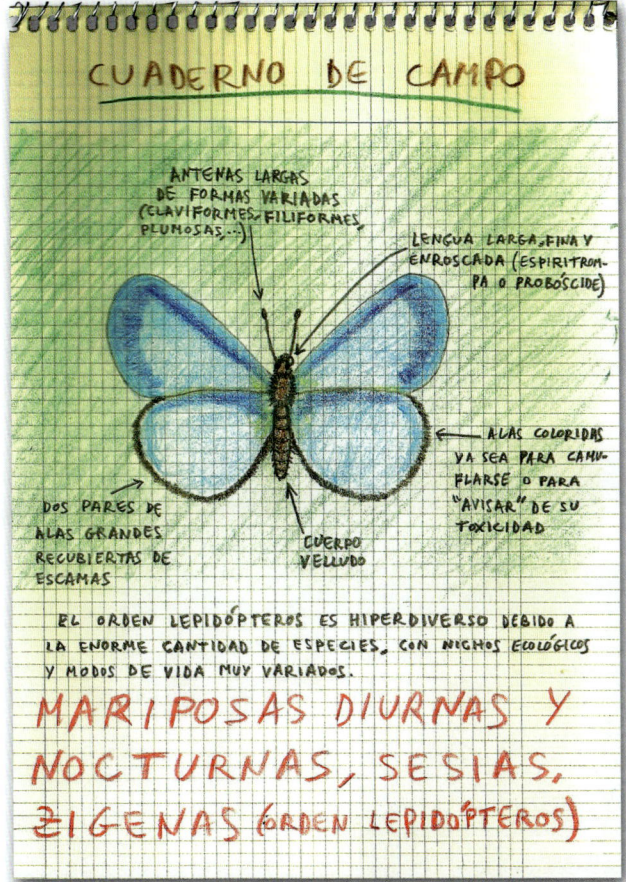

CUADERNO DE CAMPO

ANTENAS LARGAS DE FORMAS VARIADAS (CLAVIFORMES, FILIFORMES, PLUMOSAS,...)

LENGUA LARGA, FINA Y ENROSCADA (ESPIRITROM-PA O PROBÓSCIDE)

ALAS COLORIDAS YA SEA PARA CAMU-FLARSE O PARA "AVISAR" DE SU TOXICIDAD

DOS PARES DE ALAS GRANDES RECUBIERTAS DE ESCAMAS

CUERPO VELLUDO

EL ORDEN LEPIDÓPTEROS ES HIPERDIVERSO DEBIDO A LA ENORME CANTIDAD DE ESPECIES, CON NICHOS ECOLÓGICOS Y MODOS DE VIDA MUY VARIADOS.

MARIPOSAS DIURNAS Y NOCTURNAS, SESIAS, ZIGENAS (ORDEN LEPIDÓPTEROS)

De este enorme orden voy a tratar las especies más importantes de nuestra sierra según las principales familias, es decir, este libro es de insectos en su conjunto, no una guía de mariposas, luego este orden será tratado como todos los demás, sin dar a las mariposas ni mayor ni menor importancia que a otros grupos. Para conocer guías de mariposas de la sierra de Guadarrama, consultar la bibliografía al final del libro.

Mariposa apolo.

La mariposa apolo (*Parnassius apollo*) es uno de los insectos más destacados de nuestras montañas; es una especie relíctica, propia de épocas pasadas, cuando en la península existía un clima glacial; al dulcificarse este, la especie quedó aislada en zonas que aún le son propicias, como las cumbres de nuestra sierra. Vuela en julio por claros de piornal, cervunales y canchales, libando sobre cardos y senecios. Durante la cópula el macho segrega una sustancia que endurece rápidamente (sphragis), «sellando» el aparato genital de la hembra, asegurándose así que solo es fecundada por él. Sus poblaciones son cada vez más escasas y fragmentadas, prueba de que la especie se está extinguiendo, debido al abandono de los usos ganaderos tradicionales, la proliferación de pistas forestales, aterrazamientos y repoblaciones, estaciones de esquí,…; además con el cambio climático se va reduciendo su hábitat de alta montaña poco a poco. Esta mariposa está protegida a nivel nacional e internacional.

Otras bellas mariposas de esta familia que podremos encontrar en el Guadarrama son la chupaleche (*Iphiclides feisthamelii*), la macaón (*Papilio machaon*) y la arlequín (*Zerynthia rumina*).

Chupaleche.

Macaón (arriba) y arlequín (abajo).

PIÉRIDOS (FAMILIA PIERIDAE)

Blanca del majuelo.

La mariposa blanca del majuelo (*Aporia crataegi*) es una especie típica de media montaña, cuyas larvas se alimentan del majuelo (*Crataegus monogyna*); es uno de los pocos piéridos que necesitan ecosistemas bien conservados para vivir, ya que la mayoría de especies de esta familia no tienen muchas exigencias ecológicas, por lo que algunas especies son realmente comunes. Todos los piéridos se caracterizan por colores generalmente blancos, negros, verdosos y amarillentos. Algunas especies, como la limonera (*Gonepteryx rhamni*) o la cleopatra (*G. cleopatra*) imitan con sus alas a una hoja tierna; como curiosidad decir que la limonera hiberna en estado adulto, siendo una de las primeras mariposas que veremos a finales del invierno en los días soleados. Un piérido a destacar por su escasez es la zegrí (*Zegris eupheme*) propia de áreas agrícolas bien conservadas aunque en nuestra sierra hayan desaparecido en favor de los bosques y usos ganaderos.

Otras especies de piéridos que encontraremos en nuestra sierra son: la colias común (*Colias crocea*) y la colias de Berger (*C. alfacariensis*), la blanquita de la col (*Pieris rapae*), la blanca verdinerviada (*P. napi*) y la blanca de la col (*P. brassicae*), la blanca esbelta (*Leptidea sinapis*), la blanquiverdosa (*Pontia daplidice*), la blanquiverdosa curva (*Euchloe tagis*) y la blanquiverdosa moteada (*E. crameri*), la bandera española (*Anthocharis belia*) y la musgosa o aurora (*A. cardamines*).

Machos de cleopatra, limonera, colias común y colias de Berger.

Machos de blanquita de la col, blanca verdinerviada, blanca de la col y blanca esbelta.

Reverso de los machos de blanquiverdosa, blanquiverdosa curva, zegrí, blanquiverdosa moteada, bandera española y musgosa o aurora.

Muchas especies de piéridos tienen dimorfismo sexual, es decir, a simple vista se pueden diferenciar los machos de las hembras por características morfológicas diferentes, como son colores más llamativos en los machos que en las hembras (por ejemplo el género *Anthocharis* sp.). Varias especies de esta familia son polivoltinas, es decir, tienen varias generaciones anuales, aspecto que contribuye a su abundancia.

Tornasolada.

La tornasolada (*Apatura iris*) es una mariposa grande, bonita, fuerte y aterciopelada; en nuestra sierra tenemos las poblaciones más meridionales de Europa, ya que se trata de otra especie relíctica propia de climas atlánticos, más húmedos y templados. Es muy escasa en nuestros bosques, con poblaciones de poquísimos individuos, dispersas, localizadas y aisladas entre sí. Su comportamiento es «raro» en mariposas europeas, al ser arborícola; vive en las copas de árboles frondosos abedules (*Betula* sp.) y temblones (*Populus tremula*), en los cuales se desarrollan sus larvas y se alimentan los imagos de exudados de los árboles; todo ello hace que sea una mariposa realmente difícil de ver. Otra mariposa con muchos aspectos comunes con la tornasolada es la *Nymphalis antiopa* (escasa, rara, grande, bella, potente, aterciopelada, arborícola, relíctica,...), una gran migradora que con muchísima suerte podremos ver en las zonas con temblones y sauces (*Salix* sp.) mejor conservadas de nuestras montañas.

Ninfa de los arroyos.

La ninfa de los arroyos (*Limenitis reducta*) es otra bellísima mariposa que podremos encontrar en las zarzamoras de media montaña cerca de los cursos de agua; el colorido de esta especie es muy peculiar ya que es totalmente diferente en el anverso que en el reverso, siendo la parte oscura la del interior de las alas (al contrario que otras mariposas de esta familia). En la foto se aprecia una característica típica de los ninfálidos: las patas anteriores están muy reducidas, dando la falsa sensación de que solo tienen cuatro patas; esta modificación de las extremidades es debida a la adaptación al modo de vida florícola de los imagos de esta familia de Lepidópteros. Otras bellas mariposas de tonos rojizos, blancos y negros azulados son la vanesa (*Vanessa atalanta*), y la cardera (*Cynthia cardui*).

Algunos otros ninfálidos que vivaquean en la sierra de Guadarrama son ell pavo real (*Inachis io*), la ortiguera (*Aglais urticae*), muy parecida es la olmera (*Nymphalis polychloros*), la pandora (*Argynnis pandora*), la nacarada (*A. paphia*), la adipe (*A. adippe*) y la lunares de plata (*A. aglaja*), la niobe (*Argynnis niobe*), la laurel (*Brenthis daphne*), la sofía (*Issoria lathonia*), la c-blanca (*Polygonia c-album*), la deione (*Melitaea deione*), la doncella tímida (*M. didyma*), la doncella del gordolobo (*M. trivia*) y la doncella punteada (*M. cinxia*), la perlada castaña (*Boloria selene*), la atalía (*Melitaea athalia*) y la ondas rojas (*Euphydryas aurinia*).

Pavo real.

Ortiguera, muy parecida a la olmera.

Reversos de pandora, nacarada, adipe y lunares de plata.

Reversos de niobe, laurel, sofía y c-blanca.

Reversos de deione, doncella tímida, doncella del gordolobo y doncella punteada.

Cardera

Vanesa

Satíridos (subfamilia Satyrinae)

La subfamilia de mariposas satíridos se caracteriza por colores negros y blancos o marrones y castaños, además poseen ocelos en el reverso de las alas; muchas especies aguantan bien la sequía, por lo que son las mariposas más abundantes ya avanzado el verano. Dentro de los satíridos destacan las mariposas llamadas medioluto, del género *Melanargia* sp., negras y blancas, siendo especies difíciles de diferenciar a primera vista. En el Guadarrama habitan cuatro de las cinco especies peninsulares de este género, siendo (de arriba-abajo y de izquierda-derecha como siempre en la fotografía): la medio luto ibérica, abundantísima, endemismo ibérico (*Melanargia lachesis*), la medioluto montañesa, localizada en praderas de media montaña (*M. russiae*), la medioluto Inés, escasa y en el piedemonte (*M. ines*) y la medioluto herrumbrosa, muy escasa en nuestros campos al ser una especie de ambientes más mediterráneos (*M. occitanica*).

Reversos de medioluto.

Algunos otros de los muchos satíridos que encontraremos por la sierra son: la loba (*Maniola jurtina*), el lobito (*Hyponephele lycaon*), el lobito anillado (*H. lupinus*), el lobito agreste (*Pyronia tithonus*), el festón blanco (*Hipparchia fidia*), el sátiro moreno (*H. statilinus*), la castaña morena (*Coenonympha glycerion*), especie localizada y no muy abundante en nuestra sierra que la podremos observar con suerte en los pastos y flores de cerbunales, la mancha leonada (*Coenonympha arcania*), especie muy abundante en el sotobosque de los pinares de pino silvestre de media montaña, el sátiro negro (*Satyrus actaea*), especie de ambientes pedregosos que habita ecositemas muy diversos pero que curiosamente en nuestra sierra coloniza la alta montaña, o las montañesas (*Erebia* sp.), en concreto a *Erebia meolans* y a *E. triaria* habitando las zonas de media y alta montaña, siendo ambas mariposas difíciles de diferenciar entre sí.

Reversos de loba, lobito, lobito anillado y lobito agreste

1. Reversos de festón blanco y de sátiro moreno.
2. Castaña morena.
3. Mancha leonada.
4. Sátiro negro.
5. Montañesa.

Licénidos (familia Lycaenidae)

Los licénidos son una familia de mariposillas que vuelan a ras de la vegetación; presentan tonos azulados o rojizos; con marcado dimorfismo sexual, los machos son más vistosos. Muchas especies tienen un comportamiento peculiar conocido como mirmecofilia: sus últimos estados larvarios son llevados por hormigas a su hormiguero engañadas por secreciones azucaradas, donde pasan la fase de pupa en la seguridad de su interior (comensalismo); pero las larvas de algunas especies de licénido, como las del género *Phengaris* sp., tienen un comportamiento claramente parásito (se alimentan de huevos y larvas de las hormigas engañadas).

Algunos otros licénidos, de las decenas que habitan la sierra de Guadarrama, son: manto de oro (*Lycaena virgaureae*), manto púrpura (*Lycaena alciphron*), la niña (*Plebejus argus*) o la moradilla del fresno (*Laeosopis roboris*).

Hormiguera oscura.

Una de las mariposas más emblemáticas de nuestra sierra es el licénido *Phengaris nausithous*, la hormiguera oscura, que parasita hormigas del género *Myrmica* sp. Protegida a nivel internacional, está en franca regresión. En Guadarrama hay tres poblaciones separadas entre sí, ocupando una reducidísima extensión con muy pocos ejemplares; por ello es una especie realmente vulnerable.

1. Manto de oro.
2. Manto púrpura.
3. Niña.
4. Moradilla del fresno.

Hespéridos (familia Hesperiidae)

Los hespéridos son una familia de mariposas diurnas de apariencia peculiar; tienen aspecto «cabezón», ya que poseen una cabeza bien patente, tórax engrosado y alas pequeñas que recogen hacia atrás al posarse; todo ello les da una forma extraña para ser mariposas. Vuelan rápido con aleteos errantes a ras de suelo; la diferenciación entre especies es difícil a simple vista, ya que casi todas son poco vistosas, de tonos castaños y pardos; tienen un comportamiento esquivo. Todo ello (vuelo rasante errático, colores crípticos, tímidas,…) hace que sean desconocidas para el gran público o sean confundidas con polillas (mariposas nocturnas). Hay alrededor de una veintena de especies en nuestra sierra; los géneros más comunes que podremos encontrar son las ajedrezadas del género *Pyrgus* sp., el género *Carcharodus* sp. conocidas como piquitos entre las que se encuentran las especies más escasas y el género *Thymelicus* sp. conocidas como doradas, entre otras especies.

Ochlodes venata. Dorada orla ancha.

Sesias (familia Sesiidae)

Las sesias son lepidópteros de pequeño tamaño, con alas sin escamas, vuelo rápido y colores que imitan a abejas o avispas; a esta estrategia evolutiva se la conoce como mimetismo batesiano: especies inofensivas que imitan en apariencia y color a otras peligrosas para así engañar a sus potenciales enemigos. Las sesias son insectos muy poco conocidos para el gran público ya que pasan desapercibidas por su tamaño, transparencia de sus alas y vuelo rápido, o si son descubiertas por algún observador son confundidas con avispas o abejas. Algunas especies de nuestros campos son *Chamaesphecia* sp. y la sesia del frambueso (*Bembecia chrysidiformis*).

Chamaesphecia sp.

Sesia del frambueso.

Otros lepidópteros peculiares que no encajan ni como mariposas diurnas ni como mariposas nocturnas, son las zigenas. Estos insectos presentan una marcada coloración aposemática, es decir, colores llamativos que avisan de su peligrosidad, ya que son muy venenosas al sintetizar compuestos derivados del ácido cianhídrico; seguras de sí mismas, son insectos bastante tranquilos y reacios al vuelo. Algunas especies de nuestras montañas son: *Zygaena sarpedon* y *Zygaena trifolii*.

Zygaena sarpedon.

Zygaena trifolii.

Cossidos (familia Cossidae)

Con esta familia de lepidópteros comienzo a mostrar algunas de las mariposas nocturnas de la sierra de Guadarrama; comúnmente son conocidas como «polillas», creyendo mucha gente que cualquier mariposa nocturna acabará con la ropa de nuestros armarios si entra en casa, pero en realidad las polillas, entendidas como insectos comedores de ropa, son unas pocas especies de pequeños lepidópteros nocturnos de la familia Tineidae y, paradójicamente, algunas larvas de coleópteros de la familia de los Derméstidos; por lo tanto, que quede claro: la mayoría de las mariposas nocturnas comúnmente llamadas «polillas» son totalmente inofensivas.

Entre los lepidópteros nocturnos destaca la curiosísima especie *Zeuzera pyrina*, cuyo nombre común «taladro amarillo» se debe a que sus larvas parecen gusanos amarillos que se alimentan de madera; obsérvese su «coloración de dálmata» blanca nívea punteada de negro y la extravagancia de sus formas.

Taladro amarillo.

Geométridos (familia Geometridae)

Esta amplia familia de mariposas nocturnas está representada en Guadarrama por varios centenares de especies, algunas de ellas muy difíciles de distinguir entre sí; varias especies son diurnas; suelen tener colores crípticos que se confunden con el pasto, vuelo lento, grandes alas y antenas filiformes. Algunas especies vistosas de la sierra de Guadarrama son: *Ourapteryx sambucaria* (Geometra del saúco), *Lythria sanguinaria*, *Heliothea discoidaria* o *Odezia atrata*.

1. Geometra del saúco
   (*Ourapteryx sambucaria*)
2. *Lythria sanguinaria*.
3. *Heliothea discoidaria*.
4. *Odezia atrata*.

A esta familia de lepidópteros nocturnos pertenecen especies peculiares en varios aspectos, como por ejemplo la bómbix del trébol (*Lasiocampa trifolii*), cuyos machos son diurnos y las hembras nocturnas. El problema que todos percibimos se soluciona porque los machos buscan activamente a las hembras durante el día, que permanecen escondidas en la maleza, y para encontrarlas utilizan sus antenas plumosas que perciben las feromonas de la hembra a enormes distancias; similar en comportamiento y parecida en color es la rara *Lemonia dumi*. Otro lasiocámpido es la bómbix hoja de encina (*Gastropacha quercifolia*), que imita perfectamente a una hoja seca con la forma de sus alas en reposo. Resaltar también a *Chondrostega vandalicia*, un escaso endemismo ibérico descubierto en nuestra sierra que presenta un dimorfismo sexual tan acusado que las hembras adultas en vez de mariposas nocturnas parece que siguen siendo orugas, ya que pasan su vida en el suelo y han atrofiado sus alas.

1. Bómbix del trébol.
2. *Lemonia dumi*.
3. Bómbix hoja de encina.

Satúrnidos (familia Saturniidae)

A esta familia pertenece el emblema de la entomología de la sierra de Guadarrama: la maravillosa mariposa *Graellsia isabelae*. Esta especie fue descubierta para la ciencia en Peguerinos, en 1848, por Mariano de la Paz Graells. Singular endemismo ibérico, está protegido por la ley a nivel internacional y nuestra sierra cuenta con la población mundial más abundante y en mejor estado de conservación.

¿Y por qué es tan singular esta especie? Primero por su extrema belleza debido a sus colores y formas; segundo, por su perfecto mimetismo, que permitió que una especie tan grande y llamativa pasase desapercibida hasta bien entrado el siglo XIX; tercero, por estar emparentada con otras mariposas nocturnas conocidas como «mariposas luna o cometa» (género *Actias* sp.) propias de climas tropicales, habiéndose adaptado evolutivamente y con el paso del tiempo geológico a un clima tan frío y estricto como el de nuestros pinares, hasta tal punto, que si no pasan sus pupas un frío invierno enterradas en el suelo no alcanzan la madurez (este aspecto de «distanciamiento geográfico» con sus «parientes biológicos» es una prueba evidente de la teoría de la tectónica de placas); cuarto, por ser una especie tan envidiada en Europa que fue cuestionada por los entomólogos europeos hasta que no tuvieron más remedio que rendirse a la evidencia de su existencia y posteriormente fue introducida de forma artificial en los Alpes franceses para «presumir» de que ellos también la tenían.

Hace unas décadas fueron malos tiempos para la *Graellsia*, debido a la forma de gestionar nuestros pinares y al uso de plaguicidas, pero hoy en día, gracias a la valoración de la especie, se rechaza el uso indiscriminado de plaguicidas por parte de los gestores del medio natural, por lo que sus poblaciones están totalmente recuperadas. ¡Que así siga por mucho tiempo! Todos nos debemos de sentir orgullosos por contar con semejante maravilla en nuestra sierra.

Otro satúrnido espectacular es el gran pavón nocturno (*Saturnia pyri*), la mariposa más grande de Europa. También protegida a nivel internacional. A pesar de su enorme tamaño es difícil de observar por su perfecto mimetismo y porque es cada vez más escasa.

Gran pavón nocturno.

Graellsia.

Esfinges (familia Sphingidae)

Estas desconocidas mariposas tienen una forma muy característica, con alas estrechas y largas, siendo las posteriores más cortas; su tórax muy ancho y un abdomen grueso y alargado les da un aspecto robusto; tienen un agradable tacto aterciopelado al ser muy velludas; sus antenas son largas y terminan en un ganchito; la probóscide es muy larga por lo que pueden alimentarse en vuelo de manera parecida a como lo hacen los colibrís; de vuelo rápido y potente, algunas especies realizan largas migraciones. Son generalmente nocturnas, aunque hay unas pocas especies diurnas.

Esfinge colibel (*Macroglossum stellatarum*).

Esfinge carabela (*Acherontia atropos*), famosa por una conocida película.

ÁRCTIDOS (FAMILIA ARCTIIDAE)

Es una familia de mariposas nocturnas y diurnas (según la especie) caracterizada por sus bellísimos colores; las alas superiores suelen ser de tonos negros o marrones rayados de blanco o crema y las alas inferiores presentan colores rojos, amarillos o naranjas manchados de negro. Como se ve tienen una coloración aposemática que advierte de su toxicidad. En nuestra sierra habitan varios árctidos protegidos por la ley como *Artimelia (=Ocnogyna) latreillei, Ocnogyna zoraida, Hyphoraia dejeani* y *Callimorpha (=Euplagia) quadripunctaria*, aspecto que evidencia el valor ecológico del Guadarrama y el excelente estado de conservación de nuestras montañas.

Callimorpha (=Euplagia) quadripunctaria (calimorfa), *Eucharia festiva*, *Parasemia plantaginis* y *Spiris striata*.

Callimorpha dominula.

Polilla jacobea o del senecio (*Tyria jacobaeae*).

Noctuidos (familia Noctuidae)

Esta familia es con diferencia la más diversa dentro de los lepidópteros del Guadarrama, ya que hay citadas varios cientos de especies; se trata de mariposas nocturnas en su inmensa mayoría, muy atraídas por la luz, velludas, con colores poco llamativos aunque algunas especies presentan coloración en sus alas inferiores al fin de sorprender a sus predadores cuando emprenden el vuelo; tienen tres marcas arriñonadas en sus alas superiores llamadas estigmas, más o menos patentes, que distinguen a esta familia de las demás. Algunas especies son muy parecidas entre sí por lo que su clasificación exacta debe ser realizada por expertos en el laboratorio.

Catocala sp., *Noctua pronuba*, *Acronicta* sp. y *Caradrina* sp.

CUADERNO DE CAMPO

ANTENAS GENERALMENTE CORTAS

OJOS MUY GRANDES

BOCA ADAPTADA DE FORMAS DIVERSAS PARA LA SUCCIÓN

1ᵉʳ PAR DE ALAS MEMBRANOSO

EL 2º PAR DE ALAS ESTÁ MODIFICADO EN ESTRUCTURAS CLAVIFORMES QUE ESTABILIZAN EL VUELO (BALANCINES O HALTERIOS)

CUERPO RECUBIERTO DE PELOS RALOS ROBUSTOS Y DISPERSOS POR TODO EL CUERPO DENOMINADOS "CERDAS"

LOS DÍPTEROS SON OTRO DE LOS ÓRDENES HIPERDIVERSOS.

MOSCAS, MOSQUITOS, TÁBANOS Y CÍNIFES (ORDEN DÍPTEROS)

Aunque para el profano los dípteros son animalillos molestos e insanos y casi todos iguales, constituyen en realidad uno de los órdenes de insectos más variados por la enorme cantidad de familias, especies, modos de vida, adaptaciones y nichos ecológicos que ocupan. Intentaré dar una visión general de esta maravillosa diversidad centrándome en las familias más peculiares de nuestra sierra, aclarando que la clasificación de los dípteros es enormemente complicada y no puedo entrar en detalles, dejándome en el tintero infinidad de familias. Así, por ejemplo, todos los mosquitos pertenecen a la familia Culicidae, siendo la identificación de especies un aspecto que dejaremos para los expertos; o todo el mundo conoce *grosso modo* las moscas domésticas y de la carne (familias Muscidae y Calliphoridae), luego tampoco las detallaré.

TÍPULAS (FAMILIA TIPULIDAE)

Esta familia de dípteros se caracteriza por ser insectos esbeltos, con enormes patas articuladas, con largas y finas alas; la especie mostrada en la imagen es la más espectacular de nuestros bosques debido a su enorme tamaño, pero a pesar de su imponente aspecto es totalmente inofensiva, aunque la gente piense que les va a sorber toda la sangre de un solo picotazo. La razón de su falta de peligrosidad es que ni machos ni hembras pican ni tienen la capacidad de hacerlo, ya que su aparato bucal está adaptado a chupar restos vegetales en descomposición. Habita lugares húmedos y sombríos en la media montaña como toyas de pinares. En nuestros bosques hay otras especies de típulas igualmente inofensivas pero de menor tamaño; a veces son denominadas cínifes como nombre vulgar ya que este término se emplea comúnmente para mosquitos de gran tamaño, pero repito, las típulas no son mosquitos.

Típula (*Tipula maxima*).

TÁBANOS (FAMILIA TABANIDAE)

Seguro que en las caminatas por la sierra os ha acompañado esta especie en los días de verano. Los tábanos se alimentan de sangre de mamíferos (y los humanos lo somos); tienen un buen sentido del olfato que reside en sus antenas; solo pican las hembras, los machos viven libando tranquilamente en las flores. Esta dieta diferenciada según sexos se debe a que las hembras necesitan un aporte de nutrientes extra para desarrollar la puesta (los huevos almacenan sustancias de reserva).

Tábano (*Haematopota* sp.).

HIPOBÓSCIDOS (FAMILIA HIPPOBOSCIDAE)

Otro molesto acompañante del verano; la mosca de caballo (*Hippobosca equina*) está perfectamente adaptada a su vida parásita sobre animals de sangre caliente, habiendo modificado su anatomía hasta tal punto que en vez de una mosca parece una garrapata. Su forma aplanada y sus fuertes uñas la permiten aguantar «rabazos», manotazos y demás golpes de sus víctimas sin inmutarse ni desprenderse de su presa.

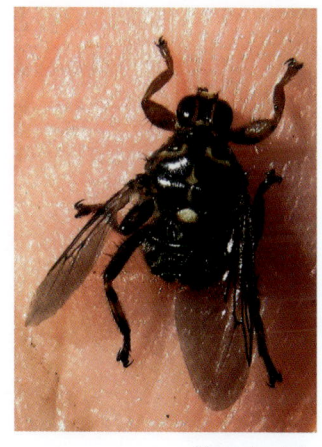

Mosca de caballo.

Bombílido.

BOMBÍLIDOS (FAMILIA BOMBYLIIDAE)

Esta familia de moscas presenta una enorme lengua no retráctil que les permite libar en las flores sin posarse, haciendo vuelo cernido; por lo tanto, a pesar de su aparatosa lengua, son totalmente inofensivas. Muchas especies imitan en forma y color a abejas. Recordar que la imitación de una especie agresiva por otra inofensiva es una estrategia defensiva muy usada entre los insectos (mimetismo batesiano); para distinguir moscas de avispas y abejas, cabe recordar que una mosca siempre tendrá dos alas. Otro aspecto muy curioso de esta familia de dípteros es que sus larvas parasitan los nidos de abejas solitarias alimentándose de sus larvas, además de disfrutar de la seguridad del refugio ajeno. Como vemos los dípteros, las vulgares moscas, son un prodigio de formas biológicas, modos de vida y adaptación al medio, ¡quién lo diría!

TACHÍNIDOS (FAMILIA TACHINIDAE)

Esta enorme y peluda mosca *Tachina grossa* puede parecer repulsiva, pero se alimenta del néctar de las flores, nunca de carroña ni de deshechos o desperdicios. La alimentación de sus larvas es más refinada, ya que son parásitos internos de orugas de mariposas nocturnas: van devorando en su interior a la larva en vida sin llegar a matarla hasta que pasa a la fase de pupa; entonces devoran por completo a la mariposa en ciernes y del capullo emerge una enorme y peluda mosca negra en vez de una grácil mariposa. Este comportamiento es de gran utilidad en el control biológico de plagas al controlarse de forma natural las poblaciones de los lepidópteros parasitados (un buen ejemplo para no prejuzgar a los insectos por su aspecto).

Tachina grossa.

Moscas salteadoras (familia Asilidae)

Los asílidos son moscas predadoras, generalmente de gran tamaño, que cazan otros insectos en vuelo. Son totalmente inofensivas para el hombre. Cazan de manera característica, similar a como lo hacen algunas aves rapaces: desde un posadero (rama seca, tallo de hierba,...) esperan el paso de cualquier otro insecto, incluso los que las superan varias veces en tamaño o tienen aguijones para defenderse; llegado el momento se abalanzan sobre su presa con el potente y rapidísimo vuelo que las caracteriza, agarrándola con sus fuertes y largas patas para volver con su víctima al posadero, donde se la comen con tranquilidad, succionando sus fluidos corporales. Son moscas muy territoriales, ahuyentando de su cazadero a cualquier otro congénere que por él sobrevuele.

Mosca salteadora (*Pamponerus germanicus*).

Mosca salteadora (*Laphria flava*).

Los sírfidos son las moscas maestras del camuflaje ya que imitan a la perfección a avispas o abejas, por lo que son respetadas por la mayoría de predadores, incluido el hombre que confunde estas moscas con avispas o abejorros (¿recordáis el nombre de esta estrategia defensiva?). En esta familia la imitación es tan perfecta que algunos sírfidos imitan especies concretas de himenópteros y la misma especie puede tener distinto color en un hábitat u otro, según la abeja, avispa o abejorro con la que comparta distribución. Para ver sírfidos en nuestra sierra observad las flores de jaras y zarzamoras en junio-julio.

Sírfido (*Volucella zonaria*).

Sírfido (*Chrysotoxum* sp.).

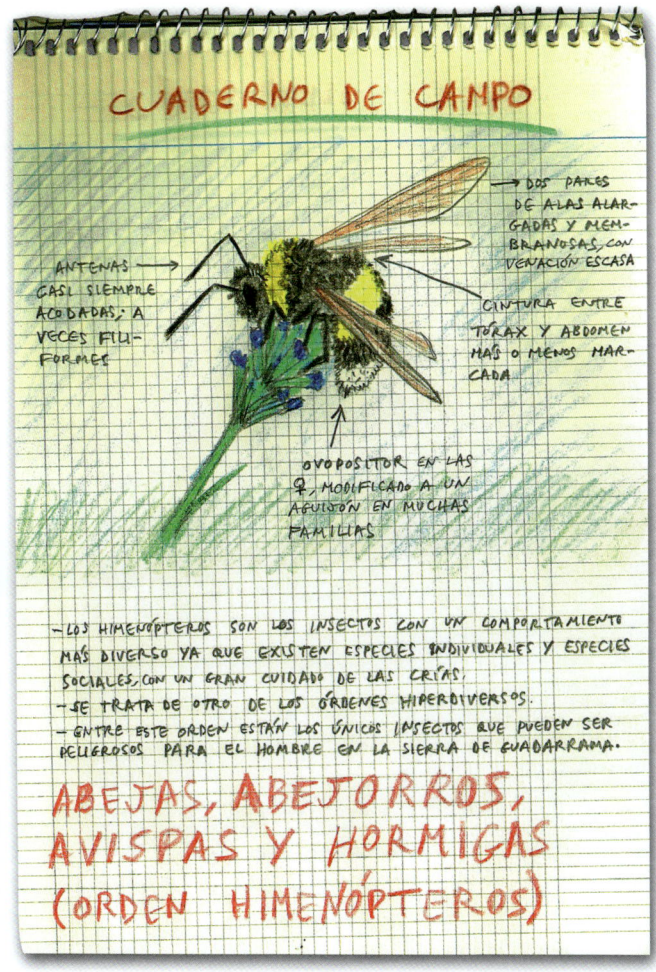

CUADERNO DE CAMPO

→ DOS PARES DE ALAS ALARGADAS Y MEMBRANOSAS, CON VENACIÓN ESCASA

ANTENAS → CASI SIEMPRE ACODADAS; A VECES FILIFORMES

CINTURA ENTRE TÓRAX Y ABDOMEN MÁS O MENOS MARCADA

OVOPOSITOR EN LAS ♀, MODIFICADO A UN AGUIJÓN EN MUCHAS FAMILIAS

- LOS HIMENÓPTEROS SON LOS INSECTOS CON UN COMPORTAMIENTO MÁS DIVERSO YA QUE EXISTEN ESPECIES INDIVIDUALES Y ESPECIES SOCIALES, CON UN GRAN CUIDADO DE LAS CRÍAS.
- SE TRATA DE OTRO DE LOS ÓRDENES HIPERDIVERSOS.
- ENTRE ESTE ORDEN ESTÁN LOS ÚNICOS INSECTOS QUE PUEDEN SER PELIGROSOS PARA EL HOMBRE EN LA SIERRA DE GUADARRAMA.

ABEJAS, ABEJORROS, AVISPAS Y HORMIGAS (ORDEN HIMENÓPTEROS)

Los himenópteros en realidad se dividen en dos subórdenes: el suborden *Symphyta*, sin «cinturita de avispa» que poseen los demás himenópteros, menos diversos y llamativos, por lo que no hablaré de ellos en esta guía de iniciación, aunque algunas especies pueden causar graves plagas forestales; y el suborden *Apocrita*, más diverso y llamativo, en cuyas principales familias me centraré a continuación, todas ellas con la típica «cinturita de avispa», al tener estrechados los primeros segmentos abdominales.

Cinípedos (familia Cynipedae)

Los cinípedos son avispitas de tamaño milimétrico que difícilmente veremos; su presencia se puede intuir por las «tumoraciones» inducidas en las plantas al inyectarlas su puesta con el fin de que produzcan agallas como defensa, de las cuales se alimentarán sus larvas. Aunque parezca increíble, estos himenópteros son parasitados por otros aún menores (los calcídidos, familia Chalcidoidea), entre los que se encuentran las especies de insectos más pequeñas de nuestra sierra, ya que sus larvas parasitan los huevos de cinípedos de tamaño microscópico. Por todo ello, los ciclos biológicos de estos diminutos himenópteros son enormemente complicados y la diversidad de formas de vida que contiene una agalla es sencillamente alucinante.

Diplolepis rosae, produce la agalla bedeguar del rosal silvestre.
En la foto se observan (en las hojas inferiores) unos «recortes circulares»; son producidos por las abejas «cortadoras de hojas» (familia Megachilidae), himenópteros que cortan trocitos de hojas para construir sus nidos.

Andricus quercustozae produce el agallarón del roble.
¡Ojo!, que el fruto del roble es la bellota.

Andricus kollari produce la agalla «canica de roble» y *A. fecundator*
produce agallas con forma de pequeñas piñas.

ICNEUMÓNIDOS (FAMILIA ICHNEUMONIDAE)

Son avispas esbeltas, nerviosas, con largas y finas patas, antenas filiformes, con cintura muy fina. Su modo de vida es parásito, por lo que las hembras poseen un ovopositor (en algunas especies de enorme tamaño) con el cual inyectan la puesta en larvas de otros insectos; cuando emergen las larvas del icneumónido se alimentan de su víctima mientras sigue viva; la larva parasitada morirá al surgir de su interior los adultos del icneumónido (todo un argumento para una película de extraterrestres). Aunque parezca mentira por su aspecto, los icneumónidos no pican, ya que su ovopositor no está modificado a un aguijón, sino que conserva su función biológica original de inocular la puesta, no defensiva. Esta familia tiene un importante papel como control biológico de plagas; familias parecidas son Gasteruptiidae y Braconidae. Muchas especies de icneumónidos son muy difíciles de clasificar si no es por un experto.

Icneumónido.

AVISPAS DE ABDOMEN CARMESÍ (FAMILIA CHRYSIDIDAE)

Estas bonitas avispillas son parásitas de abejas solitarias en su fase larvaria. Tienen la quitina muy endurecida para evitar los aguijones de sus víctimas cuando invaden sus nidos para realizar la puesta.

Chrysis ignita.

«Hormigas» aterciopeladas (familia Mutilidae)

Su confuso nombre se debe a que las hembras han perdido las alas por adaptación a su vida en el suelo; además, tienen un tacto de terciopelo por la tupida vellosidad de su cuerpo, pero ¡cuidado!, no dejan de ser avispas a pesar de su aspecto, luego pican.

Hormiga aterciopelada (*Dasylabris* sp.).

Familia Scoliidae

Avispas de impresionante aspecto, negras con alguna raya amarilla, velludas, alas oscuras; las larvas son parásitos externos de larvas de coleópteros por lo que las hembras realizan la puesta sobre ellas, no en su interior.

Megascolia maculata.
Megascolia maculata es la avispa más grande que habita en la sierra de Guadarrama; es parásita estricta del escarabajo rinoceronte (*Oryctes nasicornis*) (ver coleópteros).

Avispas alfareras (familia Eumenidae)

Estas avispas son parecidas a las avispas sociales por su bandeado negro y amarillo pero, aunque cuidan de sus crías, lo hacen en pequeños nidos en solitario; también, a veces, agrupados pero independientes (por lo tanto, no son insectos sociales). Es más fácil distinguir las especies por la forma del nido de barro que hace cada una (de aquí su nombre de «alfareras») que por la apariencia física del insecto.

Acceso al nido subterráneo de *Odynerus* sp., un eumónido.

Esfécidos (familia Sphecidae)

Avispas grandes, esbeltas, elegantes, de largas patas, cintura fina, comportamiento nervioso; coloración aposemática (de advertencia), negro con grueso bandeado amarillo o rojo. Son cazadoras, especializada cada especie en un tipo de presa (orugas sin pelos, arañas, saltamontes,...). No son sociales, nido en el suelo (algunas lo hacen de barro). El observador de la naturaleza disfrutará con el comportamiento predador de estas avispas: corren por el suelo nerviosamente en busca de presas; una vez detectada alguna, la aguijonean, la agarran con sus patas y se la llevan volando hasta el nido (como una rapaz en miniatura); tienen un gran sentido de la orientación y al llegar al nido subterráneo, localizan la entrada (asunto no baladí ya que la taparon al irse con una chinita) dando vueltas por el suelo, palpando los alrededores con las antenas; en cada agujero se desarrollará una larva a partir de la presa que el progenitor aportó.

Esfécido (*Ammophila sabulosa*).

Esfécido (*Sceliphron destillatorium*).

Avispas sociales (familia Vespidae)

Estos insectos son los comúnmente identificamos como avispas, con coloración aposemática (bandas negras y amarillas) por todos conocidas. Insectos sociales, haciendo el avispero de papel (no producen cera) que obtienen mascando madera; la forma del avispero es distintiva de cada especie; lo defienden agresivamente, siendo los únicos insectos realmente peligrosos de nuestra sierra teniendo un veneno muy potente; el aguijón no es más que el ovopositor de las hembras modificado, luego los machos no pican, pero las avispas además de picar muerden. Son carnívoras, cazan insectos y comen carroña (¡nuestra merienda campestre no deja de ser carne muerta!); son atraídas por néctares (frutas, refrescos,…), pero no producen miel. Su estructura social es simple pero efectiva: las hembras fecundadas se dispersan al final del verano y sobreviven al invierno hibernando en algún hueco; al llegar la primavera estas avispas, llamadas reinas, construyen un pequeño avispero inicial, hacen una puesta y alimentan ellas mismas a las primeras larvas; esta primera generación de obreras estériles se dedica a ampliar el avispero, defenderlo, cazar y alimentar a las crías que sigue produciendo la reina inicial; al acercarse el otoño se produce una generación de hembras fértiles y algunos machos, cambios inducidos por el fotoperiodo, la temperatura, la alimentación,…; nacida esta última generación de avispas fértiles, la colonia se disuelve y las obreras pasan a tener una vida libre hasta que las matan las primeras heladas; mientras, las hembras fértiles son fecundadas por los machos (mueren pronto) y grávidas sobreviven aletargadas al invierno, cerrándose el ciclo. Existen «avispas cuco»: especies de avispas sin obreras, cuyas reinas matan a la reina de otra especie, ponen sus huevos en el avispero usurpado y las obreras de la especie parasitada crían las larvas de la especie cuco sin percatarse del engaño.

La avispa papelera, *Polistes gallicus*, es junto con la avispa alemana, *Vespa germanica*, las avispas más comunes de Guadarrama

Aunque parezca mentira las hormigas son parientes muy cercanos de las avispas. Son insectos de comportamiento social complejo, con una división en castas que, a pesar de tratarse de la misma especie, los individuos tienen una apariencia bien distinta según su papel en la colonia (obreras, soldados y reinas —un hormiguero puede tener varias reinas—); en las hormigas fértiles (conocidas como «hormigas de ala» que emergen en otoño tras las primeras lluvias) es donde mejor se aprecian las características propias de los himenópteros. Existen unas pocas especies conocidas como «esclavizadoras» que no tienen obreras, sino que los soldados de la especie invasora matan a las reinas del hormiguero a parasitar; luego la reina invasora hace la puesta y las obreras de la especie espoliada cuidan de las crías ajenas sin darse cuenta de la treta. Las hormigas son unas grandes predadoras, por lo que se usan como control biológico de plagas.

Hormiga roja (*Formica rufa*).

Todas estas familias junto con la Apidae (que explicaré después) constituyen los himenópteros comúnmente llamados abejas. Se caracterizan porque siempre se alimentan de sustancias de origen vegetal, sobre todo de polen o néctar, a diferencia de las avispas que siempre tienen alguna fase de su ciclo biológico carnívora, ya sea como larvas y/o como adultos; además, no tienen la cintura tan marcada. Las abejas de estas familias son solitarias, como mucho grupales, pero nunca sociales, construyendo nidos de diferentes maneras según la especie. Muchas de ellas han desarrollado una larga vellosidad en las patas posteriores conocida como «cestillos» para transportar el polen (las abejas son importantísimos polinizadores). También hay especies «cuco» que matan las larvas de otras especies y hacen su puesta en el nido ajeno para que sus larvas sean criadas por las abejas usurpadas.

1. *Anthophora* sp.
2. *Melecta* sp. (especie cuco de la anterior)
3. *Anthidium* sp.
4. *Colletes* sp.

A esta familia pertenecen la abeja de la miel (*Apis melífera*), y los himenópteros conocidos como abejorros (géneros *Bombus*, *Psithyrus* y la especie *Xilocopa violacea*). Las abejas son por todos conocidas, siendo el insecto con estructura social más compleja. Se han escrito libros enteros sobre el tema y no hablaré aquí de ellas porque supera los objetivos de esta obra; como curiosidad decir que quizás las reinas de *Apis melífera* sean los insectos más longevos que existen (viven décadas). Respecto a los abejorros tienen un comportamiento social más sencillo, similar a las avispas de la familia Vespidae, haciendo sus nidos en agujeros del suelo o en madera muerta. En los abejorros, al igual que en abejas y avispas, los machos son escasos, apareciendo al final del verano, no pican ya que no tienen aguijón (este es una modificación del ovopositor que solo poseen las hembras). Una de las diferencias importantes entre abejorros y avispas es que los primeros son pacíficos y casi nunca pican; además no muerden porque tienen la boca adaptada a libar en las flores (nunca son carnívoros); físicamente tienen el cuerpo peludo y rechoncho. Una diferencia muy curiosa entre las abejas y el resto de himenópteros es que solo pican una vez, ya que al clavar el aguijón en su víctima se desvisceran en parte y mueren, mientras que avispas y abejorros pueden picar varias veces porque no pierden el aguijón. Otro aspecto curioso, esta vez de los abejorros del género *Psithyrus*, es que son «abejas cuco» (concepto ya explicado), llegando incluso a imitar el color del cuerpo de la especie a la que engañan; además, sus reinas son más grandes de lo normal y con exoesqueleto engrosado, aspectos que las hace inmunes a los aguijones de los abejorros defensores de la colonia que usurpan.

Xilocopa violacea.

Bombus lucorum.

Bombus pascuorum.

Bombus sylvarum.

Otras especies muy similares a las fotografiadas y presentes en la sierra de Guadarrama: parecidas a *Bombus lucorum* son *Bombus ruderatus*, *B. hortorum* y *B. terrestris*; similares a *Bombus pascuorum* podremos observar a *B. muscorum* y *B. humilis*; y, por último, parecida a *Bombus sylvarum* es *B. laesus*.

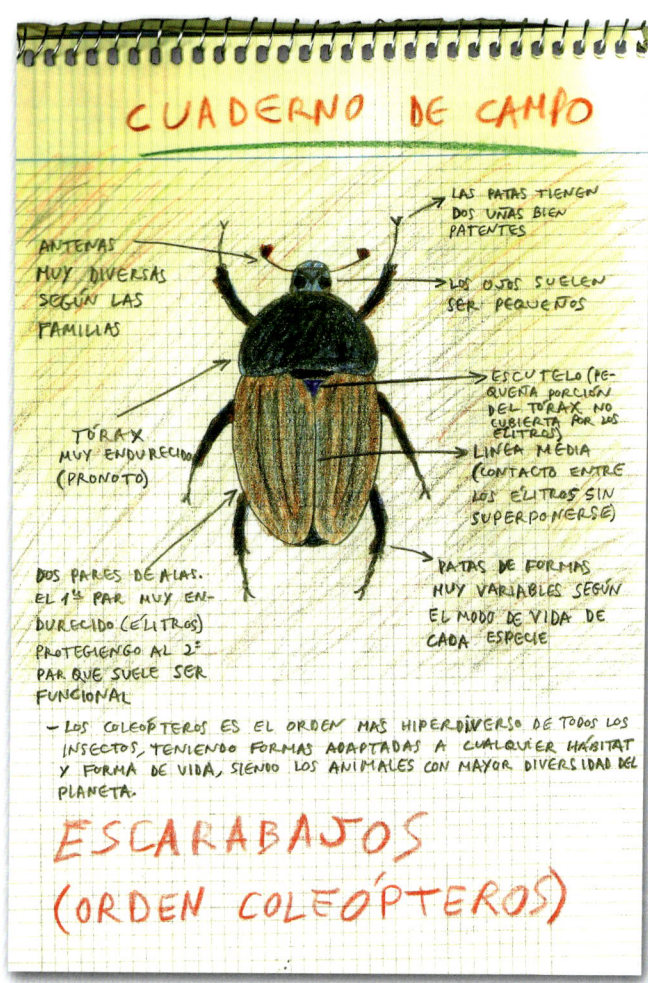

CUADERNO DE CAMPO

LAS PATAS TIENEN
DOS UÑAS BIEN
PATENTES

ANTENAS
MUY DIVERSAS
SEGÚN LAS
FAMILIAS

LOS OJOS SUELEN
SER PEQUEÑOS

ESCUTELO (PE-
QUEÑA PORCIÓN
DEL TÓRAX NO
CUBIERTA POR LOS
ÉLITROS)

TÓRAX
MUY ENDURECIDO
(PRONOTO)

LÍNEA MEDIA
(CONTACTO ENTRE
LOS ÉLITROS SIN
SUPERPONERSE)

DOS PARES DE ALAS.
EL 1ᵉʳ PAR MUY EN-
DURECIDO (ÉLITROS)
PROTEGIENDO AL 2º
PAR QUE SUELE SER
FUNCIONAL

PATAS DE FORMAS
MUY VARIABLES SEGÚN
EL MODO DE VIDA DE
CADA ESPECIE

→ LOS COLEÓPTEROS ES EL ORDEN MÁS HIPERDIVERSO DE TODOS LOS
INSECTOS, TENIENDO FORMAS ADAPTADAS A CUALQUIER HÁBITAT
Y FORMA DE VIDA, SIENDO LOS ANIMALES CON MAYOR DIVERSIDAD DEL
PLANETA.

ESCARABAJOS
(ORDEN COLEÓPTEROS)

Los escarabajos son la diversidad dentro de lo diverso; se calcula que la quinta parte de todos los animales de la Tierra son coleópteros; aunque algunas especies cuidan de sus crías, ningún coleóptero llega a tener un comportamiento tan complejo como los himenópteros sociales.

CARÁBIDOS (FAMILIA CARABIDAE)

Los carábidos son escarabajos cazadores de grandes mandíbulas; viven en el suelo depredando sobre otros insectos, gusanos o caracoles, por lo que son buenos corredores; muchas especies tienen el segundo par de alas atrofiado por lo que no pueden volar. Un aspecto muy curioso es su digestión extraintestinal (como ciertos dípteros, como la mosca común), ya que excretan sustancias corrosivas por la boca que digieren previamente el alimento. Poseen carabidina, un tóxico de olor acre bastante irritante que utilizan como defensa. En nuestra sierra existen especies que desarrollan su ciclo vital a bajas temperaturas, incluso con nieve, al estar adaptadas a vivir en las cumbres (especies nivícolas); además, tenemos varias especies endémicas exclusivas de Guadarrama, por lo que los carábidos contribuyen enormemente a aumentar la biodiversidad. Muchas especies de carábidos son difíciles de diferenciar a simple vista. Unos escarabajos parecidos a los carábidos son las cicindelas (familia Cicindelidae).

Oreocarabus guadarramus.   *Cicindela campestris.*

ESCARABAJOS ACUÁTICOS

Estos coleópteros pertenecen a varias familias (Gyrinidae, Hidrochidae, Dytiscidae, Hidrophilidae, Dryopidae, Hidraenidae,…) pero todos con un modo de vida acuático, con diversas adaptaciones para ello: forma fusiforme, cuerpo liso, patas anchas y aplanadas para nadar, vellosidad densa en la zona ventral del abdomen o huecos bajo los élitros para retener burbujas de aire y respirar bajo el agua,…. Para coger aire suben de vez en cuando a la superficie sacando del agua solo la parte terminal del abdomen; aunque parezca curioso pueden volar, aspecto imprescindible para su supervivencia cuando viven en charcas estacionales. Algunas especies grandes son carnívoras, siendo sus presas animales pequeños, incluso renacuajos y alevines de peces. Unos coleópteros acuáticos muy curiosos son los girínidos: parecen bolitas negras y diminutas que giran rapidísimamente sobre la superficie del agua (de ahí su nombre), pero que nunca chocan entre sí aunque parezca que esto vaya a suceder en cualquier momento.

Escarabajo buceador (*Ditiscus marginalis*).

Estafilínidos (familia Staphylinidae)

Los estafilínidos son escarabajos de morfología peculiar, con un abdomen muy alargado y élitros muy pequeños, aunque debajo tienen el segundo par de alas muy plegado pero funcional. Pueden morder con fuerza y además excretan sustancias malolientes e irritantes, luego es mejor dejarlos tranquilos. Viven en el suelo, sobre todo en carroñas y excrementos, pero no se alimentan de ellos, sino que depredan sobre larvas de otros insectos que sí se nutren de estos despojos.

Estafilínido (*Emus hirtus*).

Asnillo (*Ocypus olens*) en la postura típica
de amenaza de los estafilínidos.

Lucánidos (familia Lucanidae)

Todos los lucánidos tienen un desarrollo larvario muy lento que dura varios años, alimentándose de madera (larvas xilófagas); en cambio, los adultos viven pocos días y quizás no se alimenten nunca. Casi todas las especies tienen requerimientos ecológicos muy exigentes: bosques maduros bien conservados, con grandes árboles o arbustos centenarios, sin uso de pesticidas en su gestión. En la sierra de Guadarrama hay citas de cuatro especies: *Lucanus cervus*, *Pseudolucanus barbarossa*, *Platycerus spinifer* y *Dorcus parallelipipedus*.

El ciervo volante (*Lucanus cervus*) es el insecto más grande de Europa; de gran belleza e imponente aspecto, está protegido a nivel internacional. También se caracteriza por un marcado dimorfismo sexual. Es un buen bioindicador de la calidad ecológica de nuestros bosques, luego ¡respetémoslo! Además los ciervos volantes son totalmente inofensivos a pesar de su apariencia. Era venerado por los celtas que llevaban sus mandíbulas como amuleto y los romanos consideraban sus enormes larvas un exquisito manjar.

Pseudolucanus barbarossa. Otro gran lucánido, realmente escaso y difícil de observar.

Ciervo volante menor (*Dorcus parallelipipedus*), sin ser abundante, es el lucánido más común en la sierra de Guadarrama.

Geotrúpidos (familia Geotrupidae)

Escarabajos coprófagos, es decir, se alimentan de excrementos. Viven en boñigas de vacas y caballos, acumulando estiércol en agujeros que excavan bajo «el pastel», del que se alimentarán sus larvas; algunas especies forman parejas monógamas de por vida, con un comportamiento reproductor muy evolucionado. Su papel ecológico es fundamental al reciclar excrementos; además, junto con las lombrices de tierra son formadores de suelos: remueven, oxigenan y abonan la tierra. Presentan dimorfismo sexual con machos con «cuernos» en cabeza y/o tórax. Nuestra sierra es de los pocos lugares de España donde aún se conservan poblaciones de estos insectos debido al mantenimiento de la ganadería extensiva, aunque sus poblaciones están en declive por el uso veterinario de nematicidas, que matan los gusanos intestinales del ganado pero también las larvas de estos coleópteros.

Ceratophyus martinezi es un raro endemismo ibérico muy escaso y localizado, citado únicamente en el interior de Galicia, Gredos y Guadarrama. Más común es *Ceratophyus hoffmannseggi*.

Typhaeus typhoeus.

Trypocopris pyrenaeus.
Las poblaciones más meridionales de Europa del bonito y raro geotrúpido *Trypocopris pyrenaeus* se encuentran en nuestra sierra. Parecidos, pero más comunes y de color azul-verde metalizado son los geotrúpidos del género *Geotrupes* sp.

ESCARABEIDOS (FAMILIA SCARABAEIDAE)

La mayoría de estos escarabajos tienen un modo de vida muy similar a los geotrúpidos, pero las especies del géneros *Scarabaeus* sp., conocidos como escarabajos peloteros, dan un paso más en su complejo comportamiento reproductor al hacer bolas de excrementos y llevarlas lejos del lugar de deposición; luego entierran estas bolas para que sirvan de alimento a sus crías; los egipcios consideraban a los escarabajos peloteros una deidad denominada Khepri. En nuestra sierra las especies de este género no son abundantes porque prefieren terrenos arenosos, pero sí están presentes en orillas de pantanos, arenales de pinares… Son difíciles de diferenciar entre ellas. Otros géneros que podremos observar en nuestros campos son: *Bubas* sp., *Copris* sp., *Onthophagus* sp. y la especie *Onitis belial*

Bubas bison (muy similar es *B. bubalus*) y *Scarabaeus* sp. (escarabajo pelotero).

Copris hispanus y *C. lunaris* (machos).

Esta familia engloba escarabajos enormes, como el hércules (*Dynastes hercules*) de las selvas amazónicas. En nuestras latitudes habita el escarabajo rinoceronte (*Oryctes nasicornis*), escarabajo de gran tamaño pero buen volador. Este coleóptero vive en suelos húmedos y fértiles, alimentándose de todo tipo de materia vegetal en descomposición; las larvas tardan varios años en desarrollarse; los adultos emergen hacia el solsticio de verano, a finales de junio. Presenta un marcado dimorfismo sexual, ya que el macho cuenta con un enorme cuerno en la cabeza que le sirve para excavar en el suelo, al igual que sus potentes patas delanteras provistas de una prominente «denticón»; todo ello podría llevarnos a confundirlo con el género *Copris* sp. nombrado anteriormente, pero es mucho más grande y de color marrón-granate. Esta especie es parasitada por la avispa *Megascolia maculata* (recordarla cuando hablamos de los himenópteros).

Escarabajo rinoceronte (macho).

Escarabajos sanjuaneros (familia Melolontidae)

Escarabajos robustos, crepusculares, cuyas larvas se alimentan de raíces de gramíneas. Tienen explosiones demográficas alrededor del solsticio de verano (de aquí su nombre común), emergiendo todos los imagos a la vez en pocos días. Algunas especies están casi extinguidas (¿por los pesticidas?), como el espectacular escarabajo batanero (*Polyphylla fullo*).

Escarabajo batanero (macho).

Melolontha melolontha.

Escarabajo turquesa (*Hoplia chlorophana*).

CETONIAS (FAMILIA CETONIIDAE)

Escarabajos generalmente muy bonitos, de tonos verdes-azulados metálicos, y florícolas (viven en las flores). Como curiosidad es que pueden volar sin levantar los élitros, ya que despliegan el segundo par de alas sin mover estos. Las larvas se alimentan de madera muerta u otras sustancias vegetales en descomposición.

Otras especies de esta familia que enriquecen nuestra fauna, son el llamado «escarabajo abejorro» *Trichius zonatus*, bello maestro de la imitación y el raro *Gnorimus nobilis*.

Cetonia aurataeformis.

Buprestidos (familia Buprestidae)

Escarabajos florícolas, con tonos metálicos, de forma alargada y cabeza muy estrecha pegada al tórax; esto hace que inmóviles parezcan semillas y pasen inadvertidos.

Anthaxia salicis.

Escarabajos resorte (familia Elateridae)

Estos coleópteros son llamados así porque tienen en el tórax unas «uñitas» que encajan en los «hombros» de los élitros y al desengancharlas pegan grandes botes como si tuvieran un muelle; así sorprenden a los predadores y se pueden dar la vuelta si caen de espaldas. Casi todas las especies son negras o con tonos rojizos o marrones, por lo que es muy difícil llegar a determinar la especie concreta.

Escarabajo resorte.

Cantáridos (familia Cantharidae)

Escarabajos florícolas no muy grandes, con colores anaranjados y/o azulados, con élitros alargados, estrechos, aplanados y blandos.

Rhagonycha fulva.

Luciérnagas o gusanos de luz (familia Lampyridae)

Si hay unos coleópteros peculiares son las luciérnagas, que la mayoría de la gente no reconoce como escarabajos; sus últimos segmentos abdominales producen luz debido a una proteína denominada luciferina. La función natural de esta singular característica, conocida como bioluminiscencia, es la atracción sexual, ya que cada especie tiene su longitud de onda y su frecuencia de destello. Presentan un patente dimorfismo sexual: los machos tienen la anatomía típica de un coleóptero, con élitros muy alargados, siendo buenos voladores, pero las hembras (conocidas como gusanos de luz) son ápteras por completo (sin élitros ni alas), teniendo aspecto de gusano con abdomen largo, blando y segmentado; esperan pasivas entre la hierba la llegada del macho atraído por su luz. Por el uso de herbicidas estos escarabajos son cada vez más escasos y ya es raro ver su luz en la cuneta de algún camino.

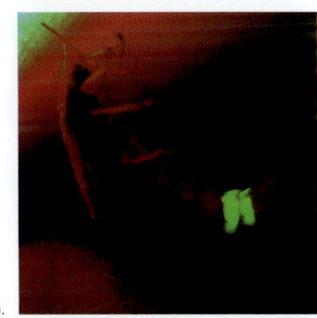

Hembra de gusano de luz (*Lampyris noctiluca*).

TENEBRIÓNIDOS (FAMILIA TENEBRIONIDAE)

El nombre de estos escarabajos es muy descriptivo ya que se trata en general de coleópteros de color negro mate, sin brillos, que viven en el suelo y que no son amantes de la luz. Aguantan condiciones extremas de temperatura y sequedad. Tienen los élitros fusionados, aspecto que les impide volar. Como defensa excretan sustancias pestilentes e irritantes, luego es mejor dejarlos en paz.

Escarabajo lagartero (*Blaps* sp.).

Heliotaurus ruficollis (tenebriónido común pero atípico: con color, florícola, diurno…).

MARIQUITAS (FAMILIA COCCINELLIDAE)

Los individuos de algunas especies de mariquitas son muy variables de colorido dentro de una misma especie; a esta característica se la conoce como polimorfismo. Tanto larvas como adultos son predadores de pulgones, luego tienen un importante papel ecológico como control de plagas. La mariquita común (*Coccinella septepunctata*) pertenece a esta familia. Algunas otras de las decenas de especies de nuestra sierra son *Anatis ocellata*, *Myrrha octodecimguttata*, *Coccinula quatuodecimpustulata* y *Thea vigintiquatuorpunctata*.

Anatis ocellata
Myrrha octodecimguttata
Coccinula quatuodecimpustulata
Thea vigintiquatuorpunctata.

CRISOMÉLIDOS (FAMILIA CHRYSOMELIDAE)

Escarabajos muy parecidos a la familia anterior pero florícolas (se alimentan de polen); sus larvas lo hacen de hojas y yemas, por lo que pueden producir daños en los cultivos. Algunas especies son muy difíciles de distinguir entre sí. Un crisomélido muy conocido es el escarabajo de la patata (*Leptinotarsa decemlineata*). En el Guadarrama hay casi doscientas especies de crisomélidos; una de ellas es *Clytra* sp.

Clytra sp.

Escarabajos aceiteros (familia Meloidae)

Estos coleópteros suelen tener colores negros y anaranjados, aunque hay especies verde-metálico. Los adultos son florícolas, pero las larvas son parásitas de abejas o de puestas de saltamontes. Su nombre común viene de la secreción glandular aceitosa y anaranjada que excretan; dicha secreción contiene un potente veneno denominado cantaridina al que se le atribuyen también propiedades afrodisiacas (pero sin ningún fundamento, ya que en realidad es un potente y peligroso agente vesicante). Muy conocidas por todos son las aceiteras o carralejas (*Meloe* sp.) con su enorme abdomen.

1. Mosca hispánica (*Lytta vesicatoria*), insecto con una falsa «leyenda afrodisiaca».
2. *Mylabris quadripunctata* (los géneros *Mylabris* sp., *Actenodia* sp. e *Hycleus* sp. son muy difíciles de diferenciar entre sí).

Cerambícidos, escarabajos longicornes (familia Cerambycidae)

Quizás sea la familia de coleópteros más espectacular que existe, por varios factores: antenas enormes, diversidad de colorido, el tamaño de algunas especies, la escasez o rareza de otras,... Sus larvas se alimentan generalmente de madera (xilófagas) y tardan varios años en alcanzar la madurez. Los imagos tienen vida corta, suelen ser florícolas, aunque las especies de mayor tamaño no se alimentan, dedicándose a perpetuar la especie. Son bioindicadores debido a sus estrictos requerimientos ecológicos (árboles centenarios, ausencia de plaguicidas,…); con su presencia en Guadarrama (hay citadas más de cien especies), nos «indican» el buen estado de conservación de nuestros ecosistemas.

Escarabajo pipa (*Iberodorcadion perezi hispanicum*), endémico de nuestra sierra.

1 2
3

1. *Acanthocinus aedilis.*
2. *Cerambyx cerdo* (especie protegida).
3. *Ergates faber* (otro gigante).
4. *Rutpela maculata* (especie con mimetismo batesiano).
5. *Cribroleptura stragulata.*

4 5

Gorgojos (familia Curculionidea)

Esta enorme familia de coleópteros comprende escarabajos de forma peculiar, generalmente pequeños, con rostro alargado a modo de «prominente nariz» en la que se insertan las antenas acodadas. Las larvas se alimentan de partes tiernas vegetales y los adultos de semillas (semillíferos) o de polen, pudiendo ocasionar plagas en cultivos o en alimentos almacenados (granos, legumbres,…). Son expertos en mimetismo: su forma rechoncha u ovalada imita en color y textura a las semillas de su hábitat; además tienen el cuerpo recubierto por una vellosidad cérea a la que se pega el polvo, arena, polen,… del entorno; para camuflarse por completo, cuando son molestados fingen estar muertos (tanatofilia) recogiendo patas y antenas, por lo que se «convierten» definitivamente en una semilla y pasan totalmente inadvertidos. Por último, decir que debido a la gran diversidad de especies y la similitud entre algunas de ellas, su clasificación puede resultar realmente complicada.

Gorgojos.

A MODO DE CONCLUSIÓN

Llegados a este punto espero haber conseguido los objetivos de esta pequeña obra: que el lector haya superado sus ideas preconcebidas sobre los insectos (no son seres perjudiciales, asquerosos, insalubres o peligrosos); que no les tenga miedo, sino respeto; que valore su importancia ecológica; que reconozca la necesidad de protegerlos a ellos y a sus ecosistemas y contribuya activamente a esta tarea; que reconozca a las especies de insectos más representativas de nuestro entorno; que nos sintamos orgullosos de conocer el enorme valor entomológico de nuestra querida sierra de Guadarrama para dejársela a nuestros hijos igual o mejor de como nos la hemos encontrado nosotros.

Y recuerda: la próxima vez que te moleste una mosca, asegúrate que realmente es una mosca y luego puedes matarla sin remordimiento, pero sabiendo que esa forma de vida es tan maravillosa y perfecta, que estaba sobre la Tierra mucho antes de que la especie humana apareciese, y aquí sigue,... luego debe de ser necesaria. Que la próxima vez que veas una mariposa, frenes el impulso de cogerla. Que cuando veas una mariposa nocturna entrar en tu casa, no pienses que es una polilla que va a devorar tu ropa sin piedad. Que la próxima vez que veas una cucaracha por el campo ¡no la aplastes!, probablemente no sea una cucaracha, sino algún coleóptero, incluso a lo mejor alguna especie única de nuestra sierra que no se da en ningún otro lugar del mundo y que tienes la suerte de contemplar y fotografiar; ¡no seas tonto y aprovecha la ocasión!

BIBLIOGRAFÍA

A) Colecciones entomológicas consultadas:

Colección entomológica de la facultad de Biología, departamento de Zoología de la Universidad Autónoma de Madrid.

Colección entomológica de la facultad de Biología, departamento de Zoología de la Universidad Complutense de Madrid.

Fondos de las colecciones entomológicas del Museo de Ciencias Naturales de Madrid.

Colección entomológica del autor.

B) Libros:

Aguilar, J. d´, J. L. Dommanget y R. Préchac: *Guía de las libélulas de Europa y África del Norte*. Barcelona: Editorial Omega, 1987.

Alfonso Robledo: *Las Mariposas Diurnas y Nocturnas de la Reserva de la Biosfera de San Ildefonso-El Espinar*. Zaragoza: Editorial Ícaro, 2016.

Alfonso Robledo: *Los Insectos de la Sierra de Guadarrama incluido el Parque Nacional y Zonas Limítrofes*. Edita: Serie Técnica de Parques Nacionales, 2014.

Carles-Tolrá Hjorth-Andersen, Miguel (coord.): *Catálogo de los Díptera de España, Portugal y Andorra*. Zaragoza: Sociedad Entomológica Aragonesa, Monografías SEA vol. 8, 2002.

Chinery, M.: *Guía de campo de los insectos de España y Europa*. Barcelona: Editorial Omega, 1980.

Dajoz, Roger: *Entomología forestal: los insectos y el bosque; papel y diversidad de los insectos en el medio forestal*. Madrid: Mundi-Prensa, 2000.

Gangware, S. K., M. G. de Viedma y V. Llorente: *Libro rojo de los ortópteros ibéricos*. Madrid: Ministerio de Agricultura, Pesca y Alimentación, ICONA, 1985.

García-Barros y otros: *Atlas de las mariposas diurnas de la península ibérica e islas Baleares*. Zaragoza: Sociedad Entomológica Aragonesa, Monografías SEA vol. 11, 2004.

Herrera, L.: *Catálogo de los ortópteros de España*. Editor: K. A. Spencer, 1982.

Herrera Mesa, Luis: *Catálogo de los dermápteros de España*. Edición particular, 1999.

Higgins, L. G., y N. D. Riley: *Guía de campo de las mariposas de España y Europa*. Barcelona: Editorial Omega, 1973.

Jeanne, C., y J. Pérez Zaballos: *Catalogue des coléoptères carabiques de la península ibérica*. Bordeaux: Bulletin de la Société Linnéenne de Bordeaux, 1986.

Monserrat, V. J., y V. Triviño: *Atlas de los Neurópteros de la península ibérica e islas Baleares (Insecta, Neuroptera: Megaloptera, Raphidioptera, Planipennia)*.

Zaragoza: Sociedad Entomológica Aragonesa, Monografías SEA vol. 13, 2013.

NAVÁS, L.: *Neurópteros de España y Portugal*. Edita: S. Fiel, 1908.

ORTUÑO, V. M., Y M. TORIBIO: *Coleópteros carábidos; morfología, biología y sistemática*. Madrid: OAPN, Ministerio de Medio Ambiente, 1996.

PÉREZ DE GREGORIO, J. J., J. MUÑOZ Y M. RONDÓS: *Atlas fotográfico de los lepidópteros macroheteróceros ibero-baleares*. Barcelona: Argania Editio, 2001.

REDONDO, V., J. GASTÓN Y J. C. VICENTE: *Las mariposas de España peninsular. Manual ilustrado de las especies diurnas y nocturnas*. Zaragoza: Editorial Prames, 2010.

RICHARDS, O. W., Y R. G. DAVIES: *Tratado de entomología Imms*. Barcelona: Editorial Omega, 1983.

VERDÚ, J. R., y E. GALANTE: *Libro rojo de los invertebrados de España*. Madrid: Dirección General de Conservación de la Naturaleza, Ministerio de Medio Ambiente, 2006.

VERDÚ, J. R., y E. GALANTE: *Atlas de los invertebrados amenazados de España*. Madrid: Ministerio de Medio Ambiente.

VERDÚ, J. R., C. NUMA y E. GALANTE: *Atlas y libro rojo de los invertebrados amenazados de España (especies vulnerables)*. Madrid: Dirección General del Medio Natural y Política Forestal, MMA, volumen I y II.

VICENTE ARRANZ, J. C., Y A. GARCÍA CARRILLO: *Mariposas diurnas de la Comunidad de Madrid*. Madrid: Ediciones La Librería, 2009.

VIEDMA, M. G. DE, Y M. R. GÓMEZ-BUSTILLO: *Libro rojo de los lepidópteros ibéricos*. Madrid: Ministerio de Medio Ambiente, 1976.

VIVES, E.: *Atlas fotográfico de los cerambícidos ibero-baleares*. Barcelona: Editorial Argania Editio, 2001.

ZAHRADNÍK, Jirí: *Guía de campo de los coleópteros de España y Europa*. Barcelona: Editorial Omega, 1990.

C) REVISTAS Y OTRAS PUBLICACIONES:

Revista entomológica Graellsia, Museo Nacional de Ciencias Naturales, CSIC.

Boletín de la Sociedad Entomológica Aragonesa (SEA).

Boletín de la Asociación Española de Entomología (AeE).

Catálogo Nacional de Especies Amenazadas, Ministerio de Medio Ambiente.

Plan de Ordenación de Recursos Naturales de la Sierra de Guadarrama (PORN). Dirección y coordinación: Valentín Cabero Diéguez y Miguel Lizana Avia, Junta de Castilla y León.

Propuesta de Declaración del Parque Nacional de las Cumbres de la Sierra de Guadarrama, Junta de Castilla y León y Comunidad de Madrid.

Ley 7/2013 del 25 de junio de declaración del Parque Nacional de la Sierra de Guadarrama.

D) Páginas web de interés:

¡Advertencia!: ojo con las páginas web que consultamos sobre entomología (como de cualquier tema). Algunas españolas serias y fiables son:

www.sea-entomología.org, página web de la Sociedad Entomológica Aragonesa.

www.aee.ua.es, página web de la Asociación Española de Entomología.

www.insectariumvirtual.com, www.biodiversidadvirtual.org, páginas web del Proyecto Biodiversidad Virtual.

www.mirmiberica.org, www.hormigas.org, páginas web de la Asociación Española de Mirmecología.

www.asociación-zerynthia.org, página web de la Asociación Española para la Protección de las Mariposas.

www.libellulasman.com, página web dedicada a las libélulas.

www.gusanosdeluz.es, página web dedicada a los gusanos de luz.

www.faunaeur.org, página web sobre fauna de Europa.

www.fotonatura.org, página web de fotógrafos de la naturaleza.

www.apolo.entomología.es, página web del Observatorio Nacional de Agentes Polinizadores.

www.rshn.geo.ucm.es, página web de la Real Sociedad Española de Historia Natural.

www.magrama.gob.es, página web del Ministerio de Agricultura, Pesca, Alimentación y Medio Ambiente del Gobierno de España. Dirigirse al enlace de invertebrados.

E) Permisos concedidos por el Área de Conservación de Flora y Fauna Silvestre de la Delegación de Medio Ambiente de la Comunidad Autónoma de Madrid para la recogida de muestras y trabajos de campo:

Autorizaciones concedidas con n.º de registro 10/118062.9/10, 10/014644.9/11 y 10/459745.9/12, para los años que duró el trabajo de campo para esta obra, desde el 2010 al 2012, con la entrega de las memorias correspondientes sobre las conclusiones obtenidas del trabajo de investigación.